はじめに

●謎に包まれている中小企業診断士の実態

中小企業診断士（診断士）は、各種ランキングで社会人に人気ナンバーワンの国家資格です。社会人ならたいてい誰でも知っている資格です。

ただ、この「誰でも知っている」というのが、微妙なところです。大半の社会人は「中小企業診断士という難関の国家資格がある」と名前を知っている程度でしょう。

さすがに、本書を手に取っていただいた方は、診断士の試験制度についてはかなり情報をお持ちのはずです。しかし、資格を取得した後、診断士が資格をどのように活用しているのか、企業に勤務する診断士（企業内診断士）が十分に活躍できているのか、独立開業している診断士はどれくらいの収入を得て、仕事にどれくらい満足しているのか、といった深い情報はご存知ないでしょう（だからこそ本書を手に取っていただいたのでしょう）。

私たちがネットや出版物で目にする診断士の情報は、受験予備校の宣伝や成功したコンサルタントの自慢話ばかりです。人によっていうことが違い、実は、資格を取得して数十年というベテランでも、診断士の実態について「何だかよくわからない」という感じだったりします。

本書は、診断士のリアルな姿をお伝えする本です。

筆者は、日本石油（現ＥＮＥＯＳ）に勤務しながら１９９５年に診断士を取得して企業内診断士として活動し、２００２年に独立し、日沖コンサルティング事務所を開業し、プロのコンサルタント（以下、「プロコン」）として活動してきました。また、中小企業大学校の中小企業診断士養成課程などでこれまで３０００人以上の診断士を指導しています。

この経験を踏まえて、本書では、診断士を５つのタイプに分類し、それぞれの活動実態、メリットと問題点、活動のポイントをお伝えします。

対象読者

本書は、以下のような読者を想定しています。

（ⅰ）診断士に興味があり、受験することを考えている、あるいは受験勉強に取り組んでいる社会人・学生

（ⅱ）資格を取得したものの、どう活用・活動したら良いのか迷っている診断士

（ⅲ）資格を取得してコンサルタントとして独立開業したが、活動の方向性が定まっていない診断士

これから診断士を取得しようという（ⅰ）の読者は、本書によって診断士の実態を知り、そもそも資格を取得するべきかどうか、何を目的に資格を取得するのか、といった疑問について判断材料を得ることができます。

かつて、私は受験予備校の依頼で一般社会人向けのセミナーの講師を担当したことが何回かあります。その際、主催者から「参加者の皆さんの夢をぶち壊すような話は、絶対にしないでください」と釘を刺されました。本書では、そういう利害の絡んだセミナーではなかなか伝えられない診断士のリアルな姿をお伝えします。

診断士の約7割が、資格取得後も民間企業にとどまる企業内診断士です。その多くが（ⅱ）の読者、つまり資格を取得したものの、どう活用し、どう活動したら良いのか迷っています。本書によって企業内診断士やプロコンの活動の実態を知り、今後の活動のヒントを得られることでしょう。

すでに独立開業しているプロコンには、専門分野や事業領域をしっかり定めて活動している場合もありますが、（ⅲ）の読者のように、活動の方向性が定まっていないという場合があります。また、専門分野や事業領域を定めて活動しているのに、あまり成果が上がっていないというプロコンもいます。

実は私は独立開業して今年で19年になりますが、今でも毎年少しずつ活動が変わっています。

市場も、顧客も、技術も変わるので、成功しているプロコンは常に自分の活動について「もっと良い活動ができるのは？」と悩み、変化させています。本書から、プロコンとしての活動を考える上で良いヒントが得られるはずです。

本書の概要と読み方

第1章では、多種多様な中小企業診断士を5タイプに分類し、それぞれの特徴を紹介します。5タイプというのは、以下のとおりです。

① **資格取得が最終ゴール型**
② **企業内診断士・自己啓発型**
③ **企業内診断士・副業型**
④ **プロコン・C型**（コネ・人間関係（Connection）で受注し、中小企業（Chusho kigyo）・零細企業にサービスを提供）
⑤ **プロコン・D型**（直接（Direct）受注し、大企業（Dai kigyo）・中堅企業にサービスを提供）

第2章〜第6章は、この分類にもとづき、各タイプの活動実態、メリットと問題点、活動のポイントを解説します。

数が多い順番ということで、第2章は資格取得が最終ゴール型、第3章は企業内診断士・自己啓発型、第4章は企業内診断士・副業型、第5章はプロコン・C型、第6章はプロコン・D型を紹介します（プロコン・C型、D型というのは、私の造語です）。

第7章では、本書のまとめを兼ねて、診断士制度やコンサルティング市場がどう変わろうとしているのか、診断士の本当の魅力とは何なのか、という点について考察します。

これから中小企業診断士を受験するという方（ⅰ）は、診断士の全体像を知るために、是非ともすべての章をお読みください。企業内診断士（ⅱ）とプロコン（ⅲ）の方は、第1章・第7章とご自身に関連しそうな箇所をお読みいただければ結構です。

ただ、最初は自己啓発のために取得したのが、診断士の仕事に興味が湧いてきて独立開業するということがよくあります（実は、私もそのパターンです）。企業内診断士（ⅱ）の方にとって、第5章・第6章は今後のキャリア形成の参考になるはずです。

なお、多くの企業内診断士にとって、独立開業してプロコンになるかどうかという決断は非常に重要なテーマですが、本書はプロコンとしての活動内容にフォーカスするので、独立開業の意思決定については割愛します。興味ある方は、拙著『独立する！　中小企業診断士　開業のコツ60』（中央経済社）を参照してください。

また、試験制度や資格取得のための学習などは扱いません。すでに沢山の書籍やインターネット情報がありますので、そちらを参照してください。また、資格概要と試験制度については、中小企業庁・中小企業診断協会の関連ページを参照してください。

中小企業庁　(http://www.chusho.meti.go.jp/shindanshi/download/EntryGeneral.pdf)

中小企業診断協会　(http://www.j-smeca.jp/contents/007_shiken.html)

読者の皆さんが本書によって中小企業診断士の実態を知り、診断士としてより良い活動をし、充実したビジネスライフを送られること、またそのことで企業が発展し、より良い社会になることを祈念しています。

令和3年4月　日沖　健

中小企業診断士のリアル　目次

第4章　企業内診断士・副業型

第5章　プロコン・C型

第6章　プロコン・D型

第7章　診断士の真の魅力とは

第1章

診断士には5タイプがある

中小企業診断士の活動や資格の活用は多様ですが、①資格取得が最終ゴール型、②企業内診断士・自己啓発型、③企業内診断士・副業型、④プロコン・C型、⑤プロコン・D型、という5タイプに分類できます。

この章では、各タイプの特徴を確認します。

01 診断士は実に多種多様

「中小企業診断士」と聞いて、世間の社会人はどういうイメージを持っているでしょうか。「よくわからない」という答えが最も多く、次いで「中小企業の経営者に経営のアドバイスをするコンサルタント」というのが一般的なイメージかと思います。

たしかにそういう診断士もいますが、実は少数派で、中小企業診断士の実態は実に多様です。

- ☑ 中小企業ではなく、大企業にコンサルティングをしている診断士もいます。
- ☑ コンサルティングよりは研修など教育訓練を中心に活動している診断士がいます。
- ☑ 個人向けのセミナーの講師をメインにしている診断士がいます。
- ☑ 企業勤務をしながら副業でコンサルティングをしている診断士がいます。
- ☑ 資格を取ったあと、特に活動していないという診断士が沢山います。

中小企業診断協会は数年おきに会員を対象に中小企業診断士の実態調査を行っています。「データで見る中小企業診断士２０１６」が最新版です（２０２１年に次回の調査結果が公表される予定です）。また、２０１８年に「企業内診断士実態調査」という企業内診断士に特化した調査結果も公表しています。

ただ、中小企業診断協会の会員数は約1万人と診断士の総数約2万７０００人の半分以下に過ぎず、特に企業内診断士は中小企業診断協会に加入しないケースが多いようです。また、過去の調査では「企業内診断士か、プロコンか」という大きな分類しかしていません。このように、既存の調査は、診断士の多様な実態を十分に把握しきれていません。

ましてや、受験予備校の宣伝や成功した（らしい）診断士が出版している体験記の類は、多様な診断士のごく一部に光を当てているに過ぎません。いずれも、事実を書いているのか疑わしいものが目立ちます。

02 診断士を5タイプに分類

私は、２００５年から現在まで中小企業診断士養成課程で毎年１５０人弱の診断士を指導と２００８年から現在まで診断士養成課程の実習を担当するインストラクターを養成する実習インストラクター養成研修講師として年間40～60人の診断士（主にプロコン）を指導しています。また、

１９９５年から現在まで中小企業診断協会の東京協会に所属し、多数のプロコンや企業内診断士と接してきました。この経験から、診断士を以下の５タイプに分類できると考えます。

① 資格取得が最終ゴール型
② 企業内診断士・自己啓発型
③ 企業内診断士・副業型
④ プロコン・C型
⑤ プロコン・D型

人数的には、番号順で多↓少です。第２章〜第６章で、各タイプの活動実態、メリットと問題点、活動のポイントを詳しく解説します。

その前にまず、各タイプの特徴を簡単に確認しておきましょう。

資格取得が最終ゴール型の特徴

このタイプは、その名のとおり資格を取得すること自体を目標にしている人です。資格を取得して目標を達成した後は、中小企業支援や民間企業のコンサルティング・研修といった診断士本来の活動を行いません。

年齢的には、20歳そこそこの学生から定年に近い企業勤務者まで幅広く分布しています。職業も様々ですが、最も多いのは20代後半～50歳くらいの企業勤務者、つまり企業内診断士です。

１９９０年代後半から多くの日本企業で余剰人員を整理するリストラが行われ、雇用不安が叫ばれました。リストラされても資格を持っていれば再就職で有利になるということで、資格ブームが起きました。中でも、他の資格と違って企業のマネジメント活動に直結する診断士は、会社員の自衛手段、「保険」になるとして人気を集めました。

こうして、かつては「知る人ぞ知る資格」だった診断士が２００３年頃から人気資格になり、このタイプの受験者・合格者がどんどん増えています。

また、２０１０年頃から、診断士を持っていると就職活動を勝ち抜くのに有利に働くということで、文科系の大学生の間で診断士の人気が高まりました。まだ全体から見ると少数ですが、大学生の受験者・合格者が増えています。

現在は一時の資格ブームはかなり沈静化した印象があるものの、今後もこのタイプが診断士の多数派で、着実に増えていくことでしょう。

●企業内診断士・自己啓発型の特徴

このタイプは企業内診断士で、診断士としての活動をしないという点では、先ほどの資格取得が最終ゴール型と同じです。違いは、自分のビジネススキルを高めることを目的に診断士の取得を目指したことと、資格を取得した後も研究会や学会に参加し、研鑽を続けていることです。

診断士の受験勉強に取り組むことで、ビジネススキル、特に経営管理のスキルが高まります。また、診断士を取得した後も、他社の企業内診断士やプロコンと交流し、研鑽することで、スキルアップを実現することができます。

ビジネススキルを高めることが目的なので、このタイプは20代後半~40代の企業勤務者が中心です。学生はあまりいません。

勤務する企業の業種はまちまちですが、最も多いのは金融機関です。これは、金融庁が２００５年にリレーションシップバンキングという方針を打ち出し、地域の金融機関に診断士など企業経営のわかる専門家を育成するよう強力に指導しているからです。リレーションシップバンキングとは、金融機関が従来のように担保のあるなしで取引を判断するのではなく、取引先の経営状態を分析して取引を進めることです。

自己啓発型は昔から数が多く、近年も着実に増加しています。

企業内診断士・副業型の特徴

このタイプは企業内診断士という立場である点においては、資格取得が最終ゴール型や自己啓発型と変わりませんが、公的支援や民間企業のコンサルティング・研修といった診断士本来の活動をしていることが、大きな違いです。

かつて日本企業では、副業は原則として認められていませんでしたが、働き方改革の一環で政府が2018年に副業を解禁しました。2018年は「副業元年」といわれます。この流れを受けて診断士の世界でも、副業に取り組む企業内診断士が増えています。

副業に取り組む目的は、以下の4つです。

① 副収入を得たい
② ビジネススキルを上げたい（自己啓発型に近い）
③ 社会貢献したい
④ 将来、独立開業するための準備として

年齢的には、30代~50代前半が多く、大半が大都市圏に住んでいます。そもそも企業内診断士の多くが大企業に勤務しており、大企業の事業所は大都市圏に多いからです。

勤務する企業の業種はまちまちですが、リモート環境で副業をしやすいＩＴ系が多い印象です。

企業内診断士・副業型は近年、急激に増加しており、新型コロナウイルス感染症の影響もあって、今後も増加すると見込まれています。増加率は、５タイプの中で最も高いでしょう。

なお、まったく個人的な印象ですが、５タイプの中で人間として最も魅力溢れるのは、この企業内診断士・副業型です。会社業務だけでなく活動の幅を広げようという意欲、忙しさをものともせずバリバリ仕事をこなす行動力が、そういう印象を与えるのでしょう。

プロコン・C型の特徴

企業を辞めてコンサルタントとして独立開業する診断士のことを業界では「プロコン」と呼びます。このうち、診断士制度を管轄する中小企業庁が想定し、一般の人が想起するのが、中小企業支援を担うプロコン・C型です。いわば「診断士の王道」です。

「C型」というのは私の造語で、中小企業を政策的に支援する中小企業支援機関などとのコネ・人間関係（Connection）によって案件を受注し、中小企業（Chusho kigyo）・零細企業の支援に携わるプロコンです。

年齢層は50歳～70歳くらいとかなり高齢で、大都市圏に集中する企業内診断士と違って、全国に広く分散しています。

若い頃に独立開業したというプロコン・C型も一部いますが、圧倒的に多いのは、企業勤務を定年まで勤めて、定年後に活動を始めるパターンです。年金をもらいながらボランティア的に活動するプロコン・C型が多く、業界内では「年金診断士」と揶揄されています。

1990年代半ばから行政改革が進められ、中小企業政策が縮小し、2010年頃までプロコン・C型は減少傾向にありした。ところが、先の安倍政権が中小企業支援を拡充したことから2015年頃から案件が激増し、さらに今は新型コロナウイルス感染症に対応した中小企業支援策が拡充され、中小企業支援は異常な活況を呈しています。業界内では「コロナバブル」といわれています。

活況を受けて近年、若手の企業内診断士が独立開業し、プロコン・C型として活動するケースが増えています。ただ、バブルはいつまでも続かないので、今後もこのタイプが増え続けるかどうかは、かなり微妙です（詳しくは第5章で検討します）。

プロコン・D型の特徴

プロコンのもう1つのタイプがプロコン・D型です。

「D型」というも私の造語で、コンサルティング・研修の案件をクライアントから直接（Direct）受注し、大企業（Dai kigyo）・中堅企業に対してサービスを提供するプロコンです。

プロコンという点ではC型と同じですが、受注形態やクライアントだけでなく、いくつか違いがあります。

まず、年齢層は30代後半～65歳くらいが多く、C型よりはやや低年齢です（といっても立派な中高年ですが）。

C型と違って、D型はたいてい大都市圏で活動しています。コンサルティングや研修でプロコンを利用する大企業・中堅企業は、東京・大阪・名古屋といった大都市圏に多いからです。

また、C型の大半が個人事業主として活動しているのに対し、D型では会社組織を作って活動しているケースが目立ちます。大企業・中堅企業は会社組織としか取引をしたがらないのではないか、と懸念されているためです（実は会社組織にする必要はまったくありません。Ｐ１３９参照）。

このプロコン・D型は元々数が少ない上、近年、他の４タイプが大なり小なり増えているのに対し、あまり増えていない印象です。

この他のタイプは？

おそらく診断士の９割は、この５タイプのどれかに該当すると思います。しかし、このどれにも該当しないという診断士もいます。

第2章以降では詳述しませんが、ここでいくつか簡単に紹介しておきましょう。

①　中小企業支援機関の職員（プロコン・C型に近い）

商工会・中小企業基盤整備機構・産業振興センターといった中小企業支援機関には、診断士の資格を持っている職員が多くいます。なお、元々、中小企業診断士制度はこうした中小企業支援機関の担当者を育成するために、1963年に創設されました。このタイプは、いわば「本家本元」です。

②　他分野の専門家が診断士を持っている場合（プロコン・D型に近い）

弁護士・税理士といった士業の世界では近年、同業者間の競争が激しくなっています。他の弁護士・税理士と差別化するための武器として診断士を取得するというのが、ちょっとしたブームになっています。たとえば、弁護士の加藤剛毅さんは、診断士を取得し、企業経営がわかる弁護士として幅広い顧客層にサービスを展開し、大活躍しています。

③　ビジネスセミナーの講師　（プロコン・D型に近い）

ビジネスセミナーの世界では、他の分野の専門家に交じって診断士が多数活躍しています。たとえば、東川仁さんは、金融機関の勤務経験を活かして、資金調達・銀行取引の改善など多彩なテーマのセミナーを開催し、好評を博しています。

④ 診断士受験指導の講師

診断士受験の予備校や通信講座では、診断士が講師などの立場で後輩の診断士の育成を担っています。たとえば、伊藤浩司さんは、受験予備校・TACでの勤務経験を生かして、受験予備校がない全国各地を飛び回って、1次試験の受験指導をしています。

⑤ 執筆・評論

診断士は、企業経営の専門家としてビジネス書・雑誌記事の執筆や評論、メディア出演を依頼されることがあります。さすがにこれらをメインのビジネスにしている診断士は少数ですが、評論家の三橋貴明さんや勝間和代さんのような著名人もいます（2人が今も診断士資格を維持しているかどうかは不明）。

【図表1–1　代表的な5タイプの特徴まとめ】

資格取得が最終ゴール型

職業	学生・会社員
活動目的	診断士であること
年齢	20代後半～50歳
居住地	全国
収入(最多数)	0円(年間)
活動満足度	低い
トレンド	着実に増加

数の多さ ①

企業内診断士・自己啓発型

職業	会社員
活動目的	自己啓発
年齢	20代～50代
居住地	大都市圏
収入(最多数)	0円～10万円(年間)
活動満足度	中くらい
トレンド	着実に増加

数の多さ ②

企業内診断士・副業型

職業	会社員
活動目的	自己啓発、社会貢献
年齢	20代後半から50歳
居住地	大都市圏
収入(最多数)	10万円～100万円(年間)
活動満足度	高い
トレンド	大きく増加

数の多さ ③

プロコン・C型

職業	：	自営業主
活動目的	：	収入獲得、社会貢献
年齢	：	50 歳～ 70 歳
居住地	：	全国
収入 (最多数)	：	50 万円～ 400 万円（年間）
活動満足度	：	高い
トレンド	：	近年、大きく増加

数の多さ ④

プロコン・D 型

職業	：	自営業主・会社経営
活動目的	：	収入獲得
年齢	：	30 代後半～ 65 歳
居住地	：	大都市圏
収入 (最多数)	：	400 万円～ 2,000 万円 (年間)
活動満足度	：	中くらい
トレンド	：	増えていない

数の多さ ⑤

(注) 代表的な 5 タイプの特徴を整理すると、このようになります。大半の項目は、あくまで私の経験を踏まえた印象ですので、ご了承ください。また、収入や活動満足度については、次章以下の解説を参照してください。

03 各タイプは固定的ではない

第2章以降で5タイプそれぞれの活動実態や活動のポイントなどを詳しく検討しますが、その前に補足しておきたいのは、多くの診断士は5タイプのどれか1つに特化しているわけではなく、複数のタイプにまたがって活動していることです。

企業内診断士の場合、診断士に挑戦を始めた初期は資格取得が最終ゴール型だったが、経営について学ぶことの楽しさに目覚めて自己啓発型に変わった、ということがよくあります。また、副業型の多くは、ビジネススキルを高めることを目的に副業で公的支援に取り組んでいます。企業内診断士・副業型と企業内診断士・自己啓発型やプロコン・C型の境界はかなり低い印象です。

プロコンの場合、売れないコンサルタントは1つのタイプにとどまりますが、人気者には各方面から声が掛かるので、活動が多様化していきます。たとえば、酒井勇貴さんは、公的支援を中心に（プロコン・C型）、民間企業へのコンサルティング（プロコン・D型）、さらに個人向けのセミナーを開催し、マルチタレントとして活動しています。

このように多彩な活動をする診断士は、「掴みどころがない」とよくいわれます。

また、弁護士や公認会計士と違って診断士には資格を持っていないと担当できない独占業務はないので、「診断士にいったいどういう価値があるんだ」というネガティブな声を沢山耳にします。

診断士という資格の価値については色々な意見がありますが、私は「人生のきっかけ作り」だと考えています。つまり、診断士という資格そのものに価値があるわけではなく、資格を持つことで新しい知識を吸収し、新しい業務を経験し、新しい人と巡り合うことができる。資格をきっかけに世界が広がるというのが、診断士の真の価値なのです。

これはあまり知られていない重要な事実で、私が本書で最もお伝えしたいことなので、第2章から第6章までで各タイプについて紹介した後、改めて第7章で検討します。

第2章

資格取得が最終ゴール型

資格取得が最終ゴール型は、資格を取得した後は実質的な活動をしない診断士です。

企業内診断士で最も多いこのタイプの活動実態、メリットと問題点、活動のポイントを紹介します。

01 資格取得が最終ゴール型の活動実態

診断士にとって不都合な真実

実は、本書を企画する段階で、この章を書くべきか、割愛するべきか、ずいぶん迷いました。

資格取得が最終ゴール型は、資格を取得した後は、実質的な活動をしません。資格取得というゴールに到達し、診断士という肩書が過去の勲章になっている人のその後のことを検討・紹介しても意味がないだろう、と思いました。

また、このタイプは期待したほどのメリットがなく、満足度が低いという傾向があります。このタイプの特に20代・30代の若手とお話しすると、次のような辛辣な意見をよく耳にします。

> 診断士を取ると社内の昇進や転職で有利という受験予備校の宣伝に乗せられて学生時代に勉強を始めて、入社3年目に合格しました。でも、前職で評価が上がることはありませんでしたし、昨年転職した時も面接で診断士のことが話題になることはありませんでした。受験予備校の宣伝文句にあっさり騙された自分も悪いのですが、何だか釈然としない気持ちです。
>
> 20代・精密機器メーカー勤務

資格を取って5年経ちますが、今のところ目に見えるメリットはありません。一方、企業内だと資格更新のための実務従事をクリアするのが大変で、資格を持っていることが今は苦痛になっています。今回、何とか1回目の更新をしましたが、2回目はどうしようかな、と今から5年後のことが心配です。資格を取って悩み事が増えるなんて、まったくどうしようもない資格だと思いませんか。

30代・システムインテグレーター勤務

資格取得が最終ゴール型の存在は、診断士業界にとって「不都合な真実」だといえます。ただ、現実に診断士の5タイプの中でこのタイプが最も人数が多く、存在を無視することもできません。活動実態などを簡単に確認しておきましょう。

中小企業診断協会に入会するかどうか、という選択

資格取得が最終ゴール型がめでたく資格を取得した後、まず迷うのは、中小企業診断協会に入会するかどうかです。

中小企業診断協会は、診断士を会員とする団体です。弁護士・税理士は、弁護士法・税理士法の規定によって弁護士会・税理士会に入会しなければなりません。それに対し診断士は、中小企

業診断協会に入会する義務はありません。中小企業診断協会は、業法などによる根拠がない、任意の団体です。

中小企業診断協会は全国の都道府県に支会があり、以下のような活動をしています。

① 資格更新のための理論政策更新研修や実務補習を実施
② 会員向けの研究会を開催
③ 会員に診断業務を斡旋

企業内診断士・自己啓発型（第3章）の多くは、自己啓発の場として中小企業診断協会の研究会に参加します（②）。第4章で紹介する企業内診断士・副業型は、副業の案件の紹介を受けるために中小企業診断協会の斡旋システムに専門家登録をします（③）。

ところが、資格取得が最終ゴール型は、自己啓発や副業に関心がありません。また、資格更新のための理論政策更新研修や実務補習を以前は中小企業診断協会がほぼ独占的に実施していましたが（①）、今は色々な組織・団体が実施しています。

中小企業診断協会に入会すると、毎年会費を支払わなければいけません。会費は地区によって違い、東京の場合は年5万円です。ちなみに弁護士会の年会費は14万8800円なので、他の公的資格の団体と比べると良心的な価格ですが、負担といえば負担です。

自己啓発や副業に関心がない資格取得が最終ゴール型は、会費の負担も考え、中小企業診断協会に入会しません。中小企業診断士の総数が約2万7千人で、中小企業診断協会の会員は約1万人ですので、診断士のかなり多数が資格取得が最終ゴール型であると推察されるのです。

もちろん、中小企業診断協会に入会しなくても、別のネットワークに参加して自己啓発や副業に取り組むことは可能です。全国各地に中小企業診断協会以外のネットワークや組織があります。

ただ、自発的に結成されたネットワークの多くは、研究会活動や受注活動があまり活発ではありません。活発に活動していても、なかなか活発な状態が長続きしません。私の知る限り、中小企業診断協会の非会員である診断士が企業内診断士・自己啓発型や企業内診断士・副業型として長く活発に活動しているケースは、さほど多くないのが実態です。

診断士の就職活動

資格取得が最終ゴール型がよく取り組むのは、学生の就職、社会人の転職です。診断士の活動といえるのかは微妙ですが、確認しておきましょう。

学生や若手のビジネスパーソンが診断士の資格を取る1つの動機として、コンサルティング会社から内定を取るため、というのがあります。近年、一流大学の学生の就職先として、マッキンゼー、ボストンコンサルティンググループといった外資系コンサルティングファーム（以下、学生の間で呼ばれている「ガイコン」と略します）が人気を集めています。ガイコンは採用数が少なく狭き門で、コンサルタントの国家資格である診断士を取れば有利になるのではないか、というわけです。

結論的には、診断士の取得は、ガイコンへの就職にはまったく影響しません。ガイコンのコンサルティングは非常にシステマチックな装置産業型ビジネスで、診断士が行っているコンサルティングとはまったく別物だからです。また、ガイコンは学生の知識量よりも地頭の良さを重視して採用しており、診断士試験の学習内容は「入社してから勉強してもらえば良い」というくらいにしか考えていません。「本当に頭の良い学生なら、2か月くらい勉強すれば診断士レベルの知識を習得できるでしょ」というわけです。

一般の事業会社への就職の場合でも、資格欄に「中小企業診断士」と書かれた履歴書を見て、面接官は「優秀ですね」「よく勉強していますね」といってくれるかもしれません。しかし、診断士資格が内定獲得にさほど有利に働くわけではありません。日本企業、特に大企業は、ガイコンと同じように、専門的な知識の有無よりも、論理構築力やコミュニケーション能力といった素材の良さを重視して採用するからです。

受験予備校の宣伝で、「診断士を取ったおかげで、一流企業から内定がもらえました！」という体験談を見かけます。私が知っている松下直幸さん（仮名）は、大学1年のときに診断士の受験勉強を始め、大学3年の時に診断士を取得し、見事に大手金融機関に内定しました。

ただ、こうした成功が診断士の「おかげ」なのかどうかは、まったく不明です。松下さんも、「診断士を持っていない同級生もちゃんと就職できているし、診断士の効果があったかといわれると、よくわかりません」といっています。

近年、就職活動は売り手市場なので（２０２０年は新型コロナウイルス感染症の影響でかなり事情が変わりましたが）、診断士に合格するくらい優秀な学生は、別に診断士を持っていなくても普通に就職できる、というのが真実ではないでしょうか。

企業内診断士の転職活動

以上の事情は、企業内診断士の転職活動でもほぼ同じです。

中途採用で企業が重視するのは、応募者が前職でどういう仕事をしたのか、どういう実績を上げたか、その過程でどういうスキルを形成したか、という点です。企業内診断士が副業で活発にコンサルティングをしていたというならともかく、ただ「勉強して診断士を取りました」というだけでは、スキルとはみなされません。

したがって、ガイコンはもちろん、一般の事業会社でも、診断士の資格の「おかげ」で転職できた、というケースは意外と稀なのです。

ただし、ごく一部、診断士の資格そのものを重視する業界があります。

１つは地域の金融機関です。６頁でも触れたとおり、地域の金融機関はリレーションシップバンキングを推進するために診断士を増やすよう金融庁から強く指導を受けています。金融機関の勤務経験がない企業内診断士でも、地域金融機関に転職するケースがあります。

もう１つは、研修を実施する機関、いわゆる教育団体です。教育団体で研修講師として活動するには、様々な知識・スキルを習得する必要があり、学習能力の高い診断士への需要があります。たとえば、社会人教育を展開している産業能率大学は、診断士向けの月刊誌「企業診断」に講師募集の広告を出し、診断士を採用しています（ただし、プロコンの契約講師の募集が中心で、正社員の募集は限定的です）。

同じ理由から、診断士を中心に人材を募集し、採用している中小のコンサルティング会社があるようです。

ただ、近年、地域金融機関は地域人口の減少などで極めて厳しい経営状態に置かれており、積極的に中途採用をしているわけではありません。教育団体や中小コンサルティング会社の採用数も限られます。全体的には、診断士という資格の「おかげ」で転職できたという人はごくわずか、「そういう人も稀にいる」という程度でしょう。

実務従事は頭痛のタネ

自己啓発や副業に関心がない資格取得が最終ゴール型は、就職・転職しないという場合、資格を取ったらほぼ活動停止の状態になります。

ここで1つ頭が痛いのが、資格を更新するための実務従事です。

診断士の有効期限は5年間です。資格を更新するには、5年の間に以下2つの要件をクリアする必要があります。

- ☑ **知識の補充**：理論政策更新研修（4時間）を5回受講する
- ☑ **実務の従事**：中小企業の実務を支援する業務を行って30ポイント（1日1ポイント）を獲得する

このうち、知識の補充は理論政策更新研修を受講すれば済みますが、やっかいなのが実務の従事のポイント獲得です。

プロコンの場合、日常の業務が実務従事なので、実務従事ポイントで悩むことはほぼありません。企業内診断士のうち、診断業務に携わっている副業型も、さほど苦労しません。

診断業務をしていない企業内診断士・自己啓発型は、中小企業診断協会の会員なら、協会が紹介する実務従事の案件（診断士が参加料を払って診断実務を行います）に参加したり、研究会などがグループで実施する診断案件に参加し、ポイントを獲得することができます。

それに対し、資格取得が最終ゴール型は、実務従事ポイントを取得するチャンスがありません。中小企業診断協会に入会したり、その他の診断士グループが実施する実務従事案件に参加したりして、ポイントを取得します。

ここで、知り合いの中小企業経営者に頼み込んで、実際は診断業務を実施していないのに、実施したという証明書を発行してもらうということがあります。もちろん違法ですが、資格取得が最終ゴール型だけでなく、他のタイプの診断士でもかなり横行しているようです。中小企業庁にバレたら資格停止になる可能性があるので、お勧めできません。

02 資格取得が最終ゴール型のメリットと問題点

金銭的なメリットはない

資格取得が最終ゴール型には、どんなメリットとデメリット（問題点）があるのでしょうか。

まず、資格取得が最終ゴール型には、金銭的なメリットはありません。実質的な活動をしないのでもちろん収入がない一方で資格維持のための費用がかかるからです。金銭的にはむしろマイナスです。

また、このタイプは、就職・転職する際の「切り札」として、あるはリストラされたときの「保険」としての役割を期待しますが、診断士という資格だけで就職・転職できるということはないので、こうした目的について診断士資格は無力です。

勤務先での評価は上がるのか？

企業内診断士の場合、勤務先の中での効果はあるのでしょうか。

従業員の自己啓発を推奨し、資格の取得を支援している会社があります。診断士の資格取得を最も熱心に支援しているのは、地域の金融機関です（6頁参照）。ただ、たいていの場合、資格取得のための学習費用や受験費用、せいぜい更新のための費用を会社が負担するというくらいの支援内容で、資格手当として毎月ずっと報酬を支払うという会社は滅多にありません。

勤務先での人事評価については、意見が分かれるところです。受験予備校や資格本は「診断士を取ると社内の人事評価が上がる」「昇格できる」と主張しています。職階の昇格要件をポイント化し、中小企業診断士の取得をポイントの対象にしている企業があります。そして、実際に診断士を取って管理職に昇進した、社長になったという事例は、山ほどあります。

ただ、それが診断士を取った「おかげ」なのかどうかは、まったく不明です。診断士を昇格ポイントの対象にしている会社においても、昇格ポイント全体に占める診断士など公的資格のポイントの割合はごくわずかです。いくら診断士が難関資格だといっても、机上の勉強をしただけで昇格できるほど、会社は甘くありません。

神戸製鋼所・人事労政部でグループマネジャーをしている西島太郎さんは、次のようにコメントします。

当社では、部門によっては、技術士のような専門資格を評価の対象にしているケースがあります。しかし、中小企業診断士やＭＢＡのようなジェネラルな資格・学位は、評価の対象にはしていません。もちろん「しっかり勉強しているんだなぁ」という印象は持ちますが。

また、大手ゼネコンの人事部長の赤坂哲史さん（仮名）は次のようにコメントしています。

わが社でも診断士を取得した若手が数名います。体質が古いといわれるかもしれませんが、そういう社員は、仕事に実が入っていない、転職の準備を始めた、ということで、逆に〝要注意人物〟としてマークします。だいたい、資格を取れば人生なんとかなるだろう、という発想が、社会人として安易すぎると思いませんか。

満足感・優越感は得られる

このように、資格取得が最終ゴール型には金銭的なメリットはありませんが、心理的な満足感・優越感を実感できるかもしれません。

まず、難関の国家資格を突破したということ自体が、「俺は有能だ」という自信や自己肯定感をもたらしてくれます。

また、名刺や履歴書に「中小企業診断士」と記載すれば、それを目にした相手から、たいてい「優秀ですね！」と褒めてもらえます。人から褒められて、悪い気はしません。

診断士はお互いを「先生」と呼びます。これは、「偉い人」という意味の先生ではなく、「ベテランの超有名プロコンでも1年目の駆け出しの企業内診断士でも、同じ診断士ということで上下の隔てなく先生と呼び合おう」というだけのことですが、人によっては「先生」といわれて満足感・優越感を得られます。

ただ、こうした心理的メリットは、ごく一時的なものと考えた方が良いでしょう。大手素材メーカーに勤務する企業内診断士の松永健太郎さん（仮名）は、次のようにコメントしています。

会社の仕事が忙しかったので、なかなか勉強がはかどらず、1次で2年、2次で2年、計4年間かかりました。ようやく合格した時は、とても嬉しかったですね。彼女からも友人からも称賛、というか尊敬されて、国家資格ってスゴイんだなと思いました。でも1年も経つと、他人から称賛されることはめっきり減りました。いまは実務従事ポイントのことで頭が痛くて、診断士を取った時の感激はまったくありません。

このように資格取得が最終ゴール型には、金銭的なメリットも、就職・転職の「切り札」、リストラに遭ったときの「保険」という効果もほぼありません。心理的なメリットも知れています。全体的には、資格取得が最終ゴール型には「メリットはほぼない」といえるでしょう。

03 資格取得が最終ゴール型の活動のポイント

休止、あるいは停止するべきか

私は、企業研修などの場で若手・中堅のビジネスパーソンから「診断士に興味があります。受験した方が良いですか？」という質問をよくいただきます。その場合、本書の内容を説明し、次のように伝えています。

マネジメントのことをしっかり勉強したいとか（企業内診断士・自己啓発型）、プロコンになりたい（特にプロコン・C型）というなら、受験をお勧めします。資格取得すること自体が目的（資格取得が最終ゴール型）というなら、お勧めしません。

では、すでに合格し資格を取得している資格取得が最終ゴール型は、今後どうすればいいのでしょうか。

この場合には、資格を休止する、あるいは更新せず資格を停止するというのが現実的な選択です。診断士には、資格更新の特例として休止制度があります。所定の手続きで申請すれば、最長15年間資格を休止できます。休止期間中は、知識の補充や実務の従事は必要ありません（資格を再開するときに必要になりますが）。

ちなみに休止期間中でも、「休止中」であることを明確に伝えれば、中小企業診断士を名乗ったり、名刺や履歴書に中小企業診断士であることを記載することが許されているようです。

他のタイプとして活動する

私が知っている範囲でも、資格を休止している企業内診断士が3名、停止してしまった元・診断士が1名います。彼らを見てつくづく思うのは、「もったいない」ということです。せっかく苦労して診断士を取ったという過去の努力が「もったいない」というのではありません。将来の大きなチャンスを逃すのが「もったいない」と思うのです。

この後の章で紹介するとおり、診断士の資格を活用して様々な活動をすることができます。

診断士の資格を使って自己啓発し、マネジメントスキルを高めることができます（企業内診断士・自己啓発型）。副業でコンサルティング活動をすることもできます（企業内診断士・副業型）。独立開業し、プロのコンサルタントとして活動することもできます。公的支援はもちろんのこと（プロコン・C型）、中堅企業・大企業にも活動の場が広がるかもしれません（プロコン・D型）。

そして、診断士の資格を生かして、色々な業務・人とめぐり合い、人生のステージを大きく変えることができます（第7章を参照）。

資格取得が最終ゴール型の診断士やこれから診断士を受験しようという方は、ここまで読んで「メリットがないなら、資格を停止しよう（休止しよう、受験をやめよう）」ではなく、第3章以降も読んでから判断することを強くお勧めします。

第3章

企業内診断士・自己啓発型

診断士を取得した後も企業勤務を続け、色々な機会で学び続けるのが、企業内診断士・自己啓発型です。

この章では、企業内診断士・自己啓発型の活動実態、メリットと問題点、活動のポイントを紹介します。

01 企業内診断士・自己啓発型の活動実態

研究会活動が診断士の自己啓発の基本

企業内診断士・自己啓発型は、ビジネススキルを高めるために診断士の受験勉強を始めて、資格を取得した後も自己啓発を続ける診断士です。このタイプがどのように自己啓発をして、どう活動を発展させているのかを見ていきましょう。

資格取得後の自己啓発には色々なやり方があります。究極的には書籍やネットを使って自分で勉強できるのですが、企業内診断士にとってメインとなるのは、研究会活動です。全国に診断士を会員とする研究会があり、多くの企業内診断士が研究会に参加し、研鑽しています。

診断士にとって最もポピュラーで身近なのが、中小企業診断協会に設置された研究会です。企業内診断士・自己啓発型の多くが、中小企業診断協会に入会し、研究会に参加しています。

これに次いで多いのが、受験時の実務補習の指導員を担当した先輩診断士が主宰する研究会です。ほとんどの新人診断士にとって、実務補習の指導員は人生で初めて本格的に接するコンサルタントです。その「師匠」が主宰する研究会に参加し、生涯に渡ってお付き合いするわけです。

これ以外にも、全国各地で診断士の研究会があります。

- ☑ 成功した（らしい）プロコンが研究会を立ち上げています。
- ☑ NECやアサヒのように大企業では、同じ社内にいる診断士のグループを結成しています。
- ☑ 卒業生が多い大学では、診断士の同窓生組織があります。たとえば、早稲田大学の診断士稲門会、慶応義塾大学の診断士三田会などです。

ただ、私の知る限り、中小企業診断協会以外の自主的な研究会は、組織的にしっかり運営するのが難しく、懇親以外の目的で長期に渡り活発に活動しているケースは非常に少ない印象です。

●中小企業診断協会の研究会

診断士にとって最もポピュラーで身近な中小企業診断協会の研究会について、少し詳しく見ていきましょう。

中小企業診断協会は全国の都道府県に支会があり、その中に様々な研究会があります。東京都中小企業診断士会の場合、71の研究会・懇話会（会員交流を目的とした会）があります。さらに中央・城東・城西・城南・城北・三多摩という6支部があり、たとえば私が所属する城西支部

（会員数は約600名）には、【図表3―1】のような14の研究会があります。左は2021年2月の研究発表テーマです。

中小企業診断協会に入会したら、研究会の活動を紹介する新人向け説明会のようなイベントがあるので、参加し、情報を収集します。最近は、仲間の新人診断士で手分けして色々な研究会に体験参加し、SNSで情報交換するという動きもあるようです。

「これだ」と決めた研究会に1つだけ参加するという診断士もいますが、2つ3つと参加するケースが多いようです。まずはいくつか入会して、あるいは体験参加して、自分の相性に合った研究会に絞って続けるという行動が一般的です。

●会員が持ち回りで研究成果を発表

研究会の活動はまちまちですが、多くの研究会でメインになっているのは、研究成果発表です。毎月の定例会で、会員が持ち回りで研究成果を発表します。発表の長さは、質疑応答込みで1時間～2時間です。20名の研究会なら2年に1、2回発表の機会があるというところです。

研究会で研究成果を発表するというと仰々しいですが、学会のような会とはかなり違います。【図表3―1】の「発表テーマ」から推察されるとおり、新たに何かを大々的に研究するというよりは、自分が仕事で取り組んでいることや専門的に知っていることを整理して発表する、とい

【図表3-1 東京都中小企業診断協会・城西支部の研究会】

研究会名	2021年2月の発表テーマ
ものづくり経営管理	製品ライフサイクルコスト低減による価値向上手法
情報管理	コロナ禍での映像編集業者へのIT構築の提案
流通問題	創業1711年の老舗酒造・仁井田本家、次の100年に向かっての酒造り
コンサルティング実務	支援中の企業に対する提案内容の検討・協議
ビジネス法務	中小企業強靭化法について～防災・減災対策への支援～
労務管理	withコロナ・afterコロナの労務管理とは
地域振興	(2月は休会)
印刷及び関連ビジネス	印刷ビジネス2020
先端小売業	相談企業について買い物行動分析を通じたマーケティング提案のディスカッション
国際化コンサルティング	ベトナムへの進出と人事管理
ベンチャーファイナンス	私にとっての中小企業診断士、私にとってのベンチャーファイナンス研究会
見える化	会員からの話題提供と見える化研究
飲食業界	オープンセミナーを開催予定
城西プロコン養成塾	(今年度の城西プロコン養成塾は終了)

う程度です。

プロコンなら自分自身のコンサルティング活動を事例紹介を交えて発表したりします。一方、コンサルティングをしていない企業内診断士の場合、勤務先の業界のことや問題解決の事例を紹介したりします。個人で研究し、発表するのが基本ですが、グループで取り組む場合もあります。

そして、たいていの各都道府県診断協会では、傘下の研究会が一堂に会して研究成果を発表し合うイベントを開催しています。

自分が成果発表をするために準備する過程ももちろん勉強になりますが、それよりも勉強になるのが、質疑応答の場です。各分野の専門家である会員から色々な質問・指摘があり、ときに「分析が浅い」「提案に現実性がない」などと駄目出しをされ、研究テーマに関する理解を深めることができます。

さらに研究会に参加して他人の発表を聞くことで、コンサルティングの実態や知らなかった業界のことがわかり、知識の幅と視野を広げることができます。

なお、研究会によっては、研究発表よりも経営診断など実践活動に重点を置いている場合があります。【図表3—1】だと、コンサルティング実務研究会や地域振興研究会などです。こうした研究会の実践活動については、第4章で紹介します。

ネットワーキング活動

企業内診断士・自己啓発型が研究会活動に次いでよく行うのがネットワーキング、人脈づくりです。診断士として活動することで、企業内診断士はネットワークを広げることができます。診断士には、以下のようなネットワーキングの機会があります。

① SNS

TwitterやFacebookなどのSNSに診断士をメンバーとするグループがあり、情報交換をしています。

② 交流イベント

中小企業診断協会などの団体や会社・個人が各種交流イベントを開催しています。

③ 交流グループ

同期合格、同じ地域、同じ職業、同じ趣味といった共通項による診断士の交流を目的としたグループがあります。

④　研究会

先ほど触れた研究会は、ネットワーキングの場としても重要な役割を果たしています。

⑤　中小企業診断協会の運営組織

各都道府県の中小企業診断協会には、会員部・研修部・総務部といった協会の運営を担う組織があり、会員の診断士がボランティアで活動を支えています。

このうちネットワークとして繋がる人数は、多い方から①→②→③→④→⑤の順です。一方、繋がりの強さは、強い方から⑤→④→③→②→①という逆の順です。

人脈の量を求めるか、質を求めるかによって、どれに参加するか判断が違ってきます。多くの診断士は、どれか1つではなく、①~⑤を複数参加しています。なお、④研究会は、自己啓発の場としてだけでなく、ネットワーキング活動においても重要な意味を持っており、企業内診断士・自己啓発型にとって中心的な活動の場であるといえます。

ダブル資格

ところで、向上心が高い企業内診断士・自己啓発型がよく取り組むのが、別のビジネス資格の

【図表3–2 中小企業診断士の関連資格】

総合型	専門型
MBA	税理士
経営学検定	行政書士
ビジネスキャリア検定	社会保険労務士
経営士	キャリアカウンセラー
	IT コーディネーター
	販売士
	消費生活アドバイザー
	ファイナンシャルプランナー
	事業承継士

取得です。これは診断士本来の活動とはいえませんが、このタイプの診断士にとって非常に一般的な活動なので、少し触れておきましょう。

すでに難関資格の診断士に合格し、世間の人から見ると「もういいじゃないの」というところですが、企業内診断士・自己啓発型だけでなく多くの診断士が複数の資格を取得しています。資格を2つ取ることを「ダブル資格」、3つ取ることを「トリプル資格」といいます。中には10以上の資格を取っているという強者もいます。

中小企業診断士がよく取得する資格は【図表3―2】のとおりです。

この分類で診断士は、総合型の資格になります。総合型の資格である診断士だけでは専門的な知識が足りないということで、専門型の資格を取る診断士が多いようです。専門型資格には、その時々のビジネスのトレンドにしたがって流行り廃りがあります。最近の流行りは、キャリアカウンセラーや事業承継士あたりでしょうか。

なお、この中で近年、ＭＢＡ（正確には資格ではなく学位ですが）を取得する診断士が増えています。法政大学・東洋大学などＭＢＡコースに中小企業診断士コースを併設している社会人大学院が増えているためです。こうした社会人大学院では、ＭＢＡに科目を追加履修すれば診断士を取得できます。ただし、１次試験に合格していないと中小企業診断士コースに入学することはできません。

また、企業内診断士・自己啓発型とは関係ありませんが、弁護士や税理士がダブル資格として中小企業診断士を取るケースが増えています（11頁参照）。近年、弁護士・税理士の世界は競争が激しくなっており、診断士を取って「企業経営がわかる専門家」としてアピールしようという狙いのようです。

02 企業内診断士・自己啓発型のメリットと問題点

ビジネススキルが身に付く

企業内診断士・自己啓発型のメリットは、目的のとおりビジネススキルが身に付くことです。

ビジネスパーソンとして活躍するには様々なビジネススキルが必要ですが、診断士の受験勉強や資格取得後の自己啓発で習得できるのは、マネジメントスキルです。

複雑化・高度化した現代企業で事業・職場を管理するには、経営者やマネジャーはマネジメントスキルを習得し、適切に活用する必要があります。

マネジメント行動は大きく「決める」ことと他者を「導く」ことに分かれます。このうち、診断士が自己啓発に取り組むことによって、「決める」こと、特に経営方針・戦略を「決める」ために情報を収集し、分析するスキルが高まります。

たとえば、ドラッグストアA社に勤務する企業内診断士が研究会で「ドラッグストア業界の動向とA社の戦略」というテーマで研究成果を発表する場合、以下のような分析をします（カッコ内は、よく使う分析のフレームワーク）。

- ・マクロ環境（PEST分析）
- ・市場・顧客の特徴・ニーズ（PLC）
- ・業界の構造（ファイブフォース分析）
- ・A社の戦略（SWOT、基本競争戦略、地位別競争戦略、バリューチェーン）
- ・競合他社の戦略と今後の課題（ポジショニングマップ）

【図表3–3　診断士が身に付くスキル①】

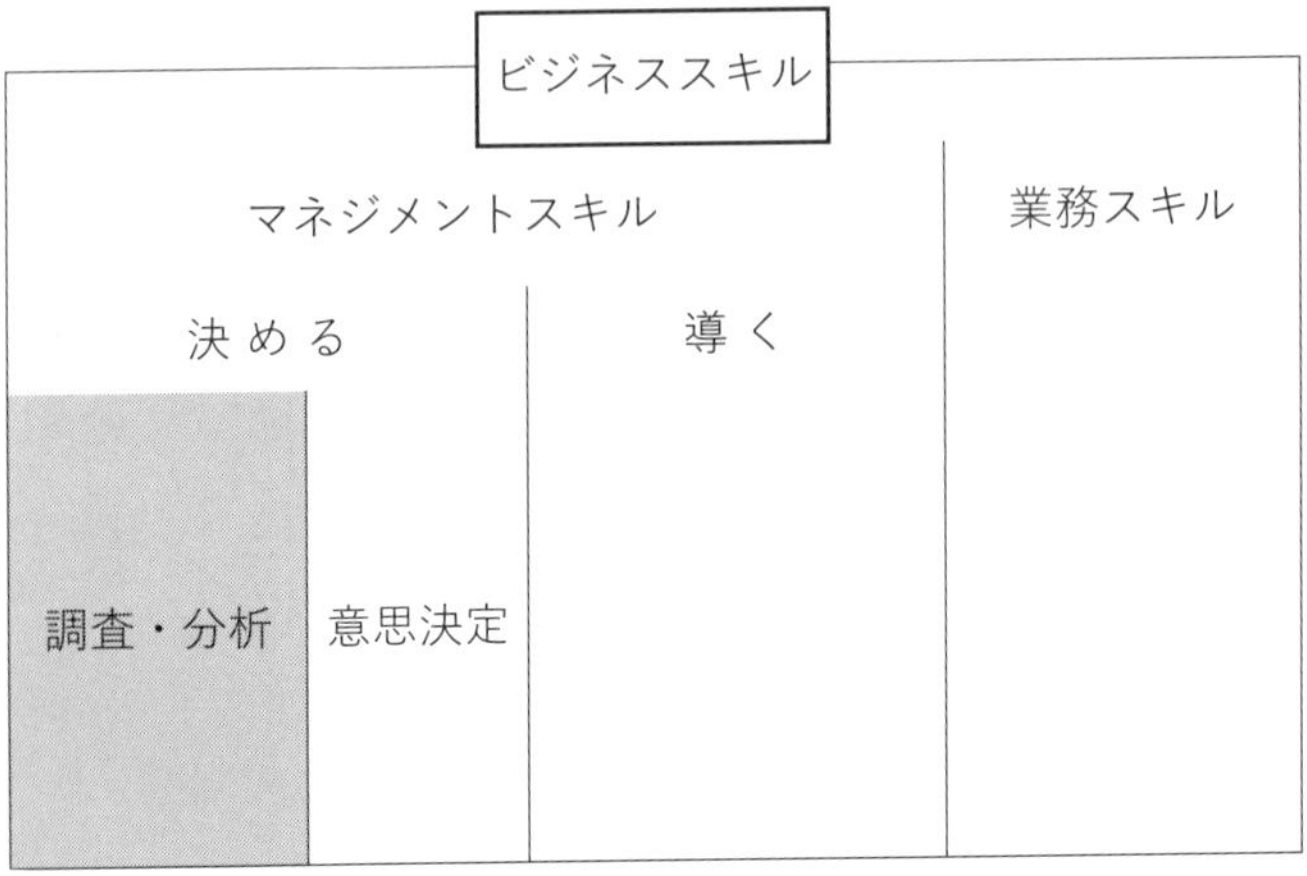

研究会で学び、研究成果をまとめて発表することで、こうした分析のスキルは確かなものになります。

限られたスキルしか身に付かない

ただし、研究会では、実際に経営方針・戦略を「意思決定」するわけではありません。経営環境を「調査・分析」するスキルは高まっても、「意思決定」のスキルは高まりません。また、「導く」ことは、基本的な知識が増える程度で、スキルはほとんど高まりません。さらに、実際に業務を進める上で必要となる「業務スキル」も高まりません。

つまり、診断士の自己啓発で身に付くのは、ビジネススキルのうち、調査・分析のスキルです。【図表3―3】でいうと■の部分です。

受験予備校は「診断士を取れば、あなたのビジネススキルはバッチリ！」と宣伝しますが、実際には、かなり限られた部分のスキルしか身に付かないということなのです。

質の高い人脈の形成

企業内診断士・自己啓発型の2つ目のメリットは、人脈を形成できることです。

どんなに優秀な人でも、自分1人でできることには限りがあります。規模の大きな仕事、難易度の高い仕事を成し遂げるには、高度なスキルを持つ人材に協力してもらう必要があります。また、困った時に相談できる仲間がいるのといないのでは、ビジネスの成果が大きく違ってきます。

今日、オンライン・オフラインで多種多様なネットワーキングの機会があります。ネットワーキングがずいぶん楽になりましたが、診断士のネットワーキングが世間一般のそれと大きく異なるのは、繋がる人材の質とバラエティーです。

質については、診断士は難関の試験を突破しており、一定以上の知能を持った人たちです。社会人としての経験も豊富です。バラエティーについては、企業勤務者を中心に、プロコン、他分野の専門家、起業家、役人、研究者など実に多士済々です。

たとえば、私が所属している流通問題研究会（東京都中小企業診断協会・城西支部）には、私のようなプロコンだけでなく、金融・商社・メーカー・IT・通信・広告・小売などに勤務する多彩な企業内診断士が参加しています。

金銭的にはマイナス

企業内診断士・自己啓発型は、金銭的な負担を覚悟しなければなりません。

このタイプは、もちろん収入はほぼありません。研究成果発表に対する謝金や研究会で委託調査・執筆などの業務をして報酬を得ることがありますが、ごくわずかな金額です。

一方、以下のような支出があります。

- 理論政策更新研修の受講料（1回6000円くらい）、実務従事案件の参加費用
- 中小企業診断協会の会費（年5万円）
- 研究会・イベントなどの会費・諸費用

活動内容やその頻度にもよりますが、企業内診断士・自己啓発型は年10万円～30万円を支出しているケースが多いように見受けます。謝金・報酬は、たいてい年間10万円もいかないので、金銭的にはマイナスです。

ダブル資格はメリットが小さい

企業内診断士・自己啓発型の「活動」の中で、厳しい評価をしなければならないのが、ダブル

資格（やトリプル資格）です。

まず、いうまでもなく、資格を取るのに時間・労力・費用がかかります。取ったら取ったで、資格維持のための時間・労力・コストがかかります。たいていの企業内診断士は、資格の取得・維持のために割ける時間・労力・コストには限りがあるので、たくさん資格を取ると、本業や家庭への悪影響が懸念されます。

もちろん、新たな資格を取ることで、新たなスキルを獲得できる、新たな人脈が広がるという効果はあります。ただ、診断士はビジネスの幅広い領域を包含する総合型の資格ですし、他の資格を持っている専門家も多いので、別の資格を取っても、まったく知らないスキルが身に付いたり、まったく新しい人脈が広がるというわけではありません。ダブル資格による学習やネットワーキングの効果は限定的といえます。

勤務先での評価も、高まりません。複数の資格を取る企業内診断士には、逆に厳しい意見があります。大手製薬会社の人事部長・松尾圭太さん（仮名）は、次のように〝資格マニア〟を批判しています。

　当社でも、業務に関係のない資格を取りまくる資格マニアがたまにいますが、あれはいったい何なんでしょうね。結局、自分の能力に自信がないってことかと思います。そういう資格マニアが仕事で実績を残し、偉くなったという例は、少なくとも当社では一切ありません。

以上から、企業内診断士・自己啓発型がダブル資格を目指すのは、得策ではありません。なお、プロコンが専門分野を掘り下げるために別の専門資格を取るというのは、大いに「アリ」です。たとえば、プロコンが人事コンサルティングに専門的に取り組むために社会保険労務士を取る、という具合です。

03 企業内診断士・自己啓発型の活動のポイント

居場所を決めよう

企業内診断士・自己啓発型の活動をより良くするには、どうすれば良いでしょうか。

まず大切なのは「居場所」探しです。

自己啓発は、やろうと思えば本を読んだり、ネットを使ったり、自分1人でできます。しかし、診断士という専門家集団に入るパスポートを得たわけですから、診断士の集団に身を置いて、切磋琢磨して深い学びをしたいところです。ネットワーキング活動も含めて、きちんとした「居場所」を決めて活動することが大切です。

診断士の「居場所」には、以下のようなものがあります。

① 研究会
② 受注グループ
③ 中小企業診断協会の運営組織

このうち企業内診断士・自己啓発型にとって中心になるのは、①研究会です。ネットワーキングについていうと、③中小企業診断協会の運営組織も有効です。なお、企業内診断士・副業型にとっては、案件を受注することを目的に結成された診断士のグループである②受注グループが重要です。

自分に合った研究会に入会する

診断士になったら、「居場所」となる研究会を探しましょう。

研究会によって様々な特徴があり、診断士は以下のような点を考慮してどの研究会に参加するかを決めます。

① 専門性が高いか、低いか。会の専門領域が自分の志向に合っているか

専門性が高く、自分の志向に合っていると、深い学びができます。ジェネラルだと、研究・学習よりはネットワーキングがメインになります。

② 活動頻度が高いか、低いか

月に1度定例会合を開いているという研究会が多いようですが、もっと頻度が高いケースも、低いケースもあります。もちろん、頻度が高い方が研究・学習の効果は高まりますが、企業内診断士にとっては活動の負担が大きくなる点に注意が必要です。

③ 学習がメインか、実践がメインか

純粋に学習することを目的に、会員によるプレゼンをメインに活動している研究会が多いですが、民間企業や商店街を診断したり、ビジネス書を共同執筆するなど、実践をメインに活動している研究会もあります。後者については、実務従事のポイントを取れる場合があります（実務従事ポイントの取得を重視して研究会を選択する企業内診断士が多いようです）。

④ 企業内診断士が多いか、プロコンが多いか、憧れの専門家がいるか

大都市圏にある研究会は企業内診断士の割合が高く、地方にある研究会はプロコンの割合が高くなります。プロコンが多いと、グループで経営診断を実施するなど実践の比重が大きくなります。また、自分が学びたい専門分野の第一人者など、憧れの存在がメンバーにいると、関係を構築することができ、深い学びができます。

⑤ 会員数が多いか、少ないか

会員数が少ないと活動が活性化しません。会員数が多いと活性化しますし、ネットワーキングの効果も大きくなります。ただ、あまり多過ぎると研究発表の機会が少なく、深い学びをできないという問題があります。

入会する研究会の数にも注意が必要です。色々なタイプの研究会に参加すると幅広い学びが得られる反面、あまり数が多いと企業内診断士にとっては活動が負担になりますし、メンバーと深い関係を構築することができません。最初は色々な研究会を見学するとしても、「これだ」と思った1～2つの研究会を決めて、腰を据えて活動する方が良いでしょう。

深い学びを得るには

企業内診断士・自己啓発型には、学んで仕事に生かすというより自己啓発それ自体が目的になっている人がいます。ダブル資格・トリプル資格のように、あることを学び、一区切り付いたら別のことを学ぶ、ということで、延々と学び続ける人です。

もちろん、知識欲が高い人にとって学んで知識が増えることは楽しいですし、ビジネスパーソンとして学び続ける姿勢は大切です。しかし、ビジネスという実践活動について深く知るには、学ぶだけでなく、何らかの実践をしたいところです。

企業内診断士にとって最も身近で重要なのは、勤務先での実践です。特に、診断士は経営管理スキルを学ぶ資格なので、経営者やマネジャーという立場で企業・職場で学習内容を実践することで、経営管理スキルが高まります。

研究会や机上の学習だと「調査・分析」のスキルが高まるだけですが、実践することで、意思決定や「導く」ためのスキルも高まります。

ＫＤＤＩに勤務していた園田愛一郎さんは、部長だった42歳のときに自己啓発のために診断士を取得しました。管理職として多忙な中、公的支援や東京都中小企業診断士協会での活動にも精力的に取り組みました。その後、グループ会社medibaの社長、ＫＤＤＩの役員を務めました。

園田さんは自身の経験から「診断士の学習が最も役に立つのは、社長業だ」といいます。

【図表3-4　診断士が身に付くスキル②】

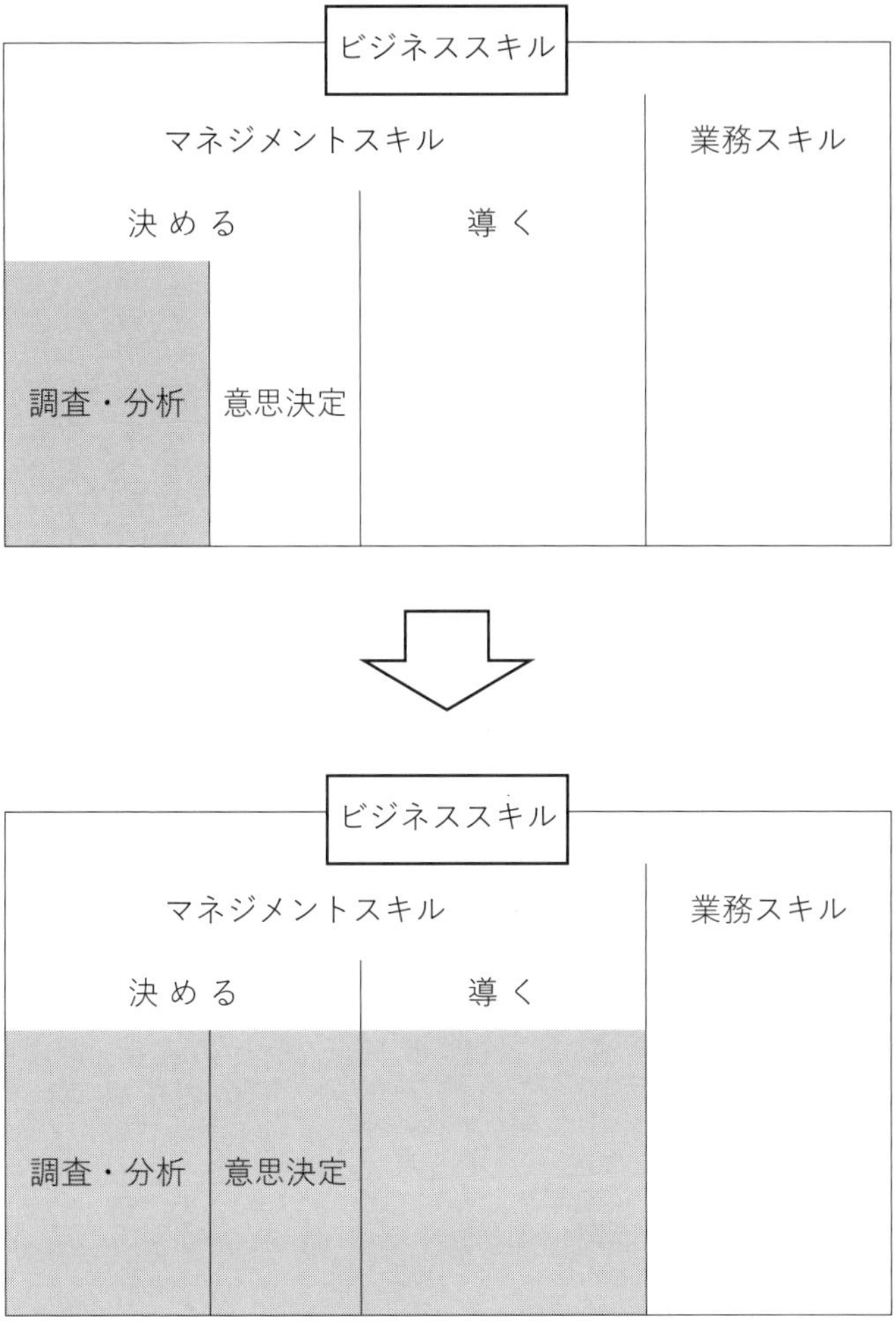

社長は企業の最終意思決定者であり、時には1人で冷徹な決断を下す必要があります。そこで決断の拠り所となったのが、診断士として身に付けた深い正しい経営知識です。企業内診断士は、勤務先の新規事業での会社設立やM＆Aの機会には積極的に手を挙げるべきです。また、今は副業での起業もできますので、積極的に経営に携わってスキルアップすることをお勧めします。

職場で実践する

ただし、勤務先でのマネジメントは、経営者やマネジャーというポジションに就かないと実践できません。まだそういう立場になっていない20代・30代の診断士は、マネジメントスキルを実践で使う機会がないのでしょうか。そうとは限りません。

関西の地域金融機関に勤務する北田和幸さん（仮名）は、会社派遣で中小企業大学校の中小企業診断士養成課程で学び、診断士を取得しました。修了後、金融機関に戻った北田さんは、所属している融資審査部門の改革に取り組みました。

北田さんの職場では、昔からの担保の有無を中心にした融資審査が続き、取引先の経営状態を把握して取引の可否を判断することができていませんでした。北田さんは職場の業務プロセスを分析し、審査部門や営業部門のメンバーの経営分析スキルが低いことが原因だと突き止めて、経営分析スキルの研修を企画しました。

半年かけて、現在実施している教育・研修の問題点を洗い出し、他の金融機関の研修も参考にプログラムを企画し、教材を開発しました。部門長経由で役員会に提案し、承認され、昨年まず審査部門で経営分析スキル研修を試験的に実施しました。その結果を踏まえてプログラムなどを改善し、いま全社に展開する準備を進めているところです。

北田さんは、このマネジメントスキルの実践について、次のように振り返ります。

中小企業大学校で半年間学んで、企業経営についてかなりわかったつもりでした。ただ、やはり勉強するだけでは学べないことがあります。今回、職場の問題について考え抜く、職場のメンバーと問題意識をぶつけ合う、という実践を体験をしたことで、診断士の学習で学んだスキルが実践で使えるホンモノになったと思います。

コンサルティングとは、顧客の問題解決を支援することです。どんな職場にも問題があるはずで、職場の問題解決に主体的に取り組むことで、本物のマネジメントスキルを身に付けることができるのです。

副業と学会活動でさらに深い学び

企業内診断士のもう1つの「実践」が、副業での診断業務です。会社員が他の会社に深く入り込むという機会はあまりありませんし、若手だと経営レベルのマネジメントを実践するということは滅多にありません。副業で診断業務をすることによって、視野を広げ、経営について実践的に学ぶことができます。チャンスがあり、副業をして問題ないなら、ぜひ挑戦したいところです（企業内診断士の副業については、第4章で紹介します）。

これに加えて企業内診断士に是非取り組んで欲しいのが、学会活動です。企業経営や副業が「実践」だとしたら、学会活動は「理論」です。

心理学者クルト・レヴィンは「良い理論ほど実践的なものはない」といいました。理論と実践は対極にあると思われがちですが、真に実践的な人は理論を知っており、理論で本質がわかっている人は実践的だという主張です。学会で色々な最先端の研究に触れることで、視野を広げることができます。さらに学会発表をすると、自分の思考を抽象化し、深く経営の本質を学ぶことができます。

以前は、経営学系でも学術研究者に会員を限定する学会が多かったようですが、このところ実務家の参加を歓迎する学会が増えています。とくに日本経営診断学会は、経営診断・コンサルティングを研究する学会で、診断士の会員が多く、お勧めです。私も参加しています。

新井信裕さんは、多忙なプロコンの業務、中小企業診断協会の活動（プロコンで初めて中小企業診断協会の会長を務めました）の合間を縫って、長年、日本経営診断学会で活動し、学会の理事も務めました。

82歳になった今も学会活動を続ける新井さんは、後輩の診断士に「診断士は学会に参加してしっかり勉強し、ゆるぎない専門性を獲得するべきだ」と強く訴えています。

人脈をアクティブな状態に

社外の人脈が広がるのが、企業内診断士・自己啓発型の大きなメリットです。ただ、人脈がどこまで広がるか、人脈をどこまでビジネスに有効に活用できるかは、人によって大きな差があります。

人脈が広がったといっても、名刺が増えるだけでは意味がありません。人脈をアクティブな状態にしておく必要があります。アクティブな状態とは、簡単にいうと何かあったときに、気軽に連絡を取ることができる状態のことです。

たとえば、私が都市ガス会社からコンサルティングの引き合いを受けたら、会社を訪問する前に、都市ガス業界のこと、その会社のことを調べます。もちろん、インターネットを検索したり、業界本をチェックするのですが、やはりコンサルティングで役立つ深い情報を持っているのは、その業界で働いている人。ここで都市ガス業界あるいは関連業界で働いている診断士を知っていて、気軽に連絡することができれば、断然コンサルティングをうまく進めることができます。

人脈をアクティブな状態にするには、こまめに連絡を取る、SNSなどで自分の活動を知らせる、オフラインで会う、ということをします。あとは、相手が必要としている人脈を紹介してあげると、親密さが増します。これが人脈作りの決め手といっても良いでしょう。

ちなみに私はプロコンですが、企業にコンサルタントを紹介する、出版社にビジネス書の書き手を紹介する、ビジネス書を書きたい人に出版社を紹介する、ということを月に1～3回やっています。紹介料はもらわず無料なので、単なる世話焼きなのですが、「やっぱり日沖さんは信頼できる」ということで相手との距離が縮まります。そして、人は恩を受けたら何とか返そうとするので、逆に自分のことを紹介してもらえます（恩返しを期待して紹介しているわけではありませんが）。

第4章

企業内診断士・副業型

企業内診断士のうち、資格を使って公的支援など副業に取り組んでいるのが、企業内診断士・副業型です。

近年、増加傾向にあるこのタイプの活動実態、メリットと問題点、活動のポイントを検討しましょう。

01 企業内診断士・副業型の活動実態

診断士の副業が活況に

かつて日本企業では、従業員の副業が禁止されていました。ところが、働き方改革の一環で2018年に国が副業を解禁しました。

この流れを受けて、診断士の世界にも副業が着実に広がっています。従来、企業内診断士というと第2章の資格取得が最終ゴール型か、第3章の自己啓発型がほとんどでしたが、企業内診断士・副業型が急速に増えています。

企業内診断士が副業に取り組むのは、以下のような目的からです。

①　副収入
②　自己啓発
③　社会貢献
④　独立開業の事前準備

この4つの目的のどれが多いかは、複数の目的を持っているケースが多く、はっきりしません。以前は、②自己啓発が中心でしたが、最近は④独立開業の事前準備という目的が増えている印象です（あくまで私の印象です）。

この数年、中小企業診断協会などが新規に登録した診断士を迎える歓迎イベントの場で、新人・企業内診断士の半数以上が「副業」の希望を表明するようになっています。中でも多いのは、「いずれはプロコンとして独立開業したい。そのための事前準備として、副業に取り組みたい」という方です。実際に副業で経験を積み、独立開業した方もいます。

また副業で週末にビジネスセミナーを開催して人気を博し、年300万円以上の副収入を得ているという企業内診断士がいます。

副業と似た概念に、複数の仕事を同時に行う「複業」があります。大半のプロコンはコンサルティングと研修を行うなど「複業」ですが、ここでは、企業内診断士にとって一般的な、企業勤務を主体としながら副業をしている診断士の活動実態を紹介しましょう。

副業で公的支援に取り組む

企業内診断士・副業型の活動内容は様々ですが、まず紹介したいのが公的支援です。

従来、公的支援機関は、企業を定年退職した高齢の登録専門家に案件を依頼することがほとんどでした。ところが近年、公的支援案件が増えて、人手が足りなくなってきたことを受けて、企業内診断士に依頼するケースが増えています。とりわけ、現役世代のプロコンが少ない地方では、企業内診断士への期待が大きいようです。

林啓史さんは、株式会社ツムラ（現在は株式会社バスクリン）に勤務しながら、公的支援の分野で診断士活動をしています。東京都中小企業診断協会・城西支部の城西コンサルティング・グループという受注グループの中心メンバーとして公的診断で活躍しています。また、東京商工会議所で、環境やＳＤＧｓを学んでもらえる創業支援セミナーを開催し、好評を博しています。

渡邊綾子さんは、以前の勤務先が経営破綻したことをきっかけに診断士を目指しました。再就職した流通業・小売業向けのＩＴ企業の服務規程には「副業禁止」と記載されていましたが、「診断士として活動したい」と伝え、コンサルティング活動を始めました。民間企業の案件を扱うと競業避止義務違反になる可能性があるので、公的支援に限定し、週末に中小企業基盤整備・近畿本部や関西各地の商工会などを足場に、精力的に活動しています。特に中小企業大学校では、プロの講師に交じってもエース的な存在で、全国の中小企業大学校で数多くの講座を担当しています。

この２人のように、多忙な企業勤務の合間を縫って活躍している企業内診断士・副業型が増えています。

会社勤務で培ったスキル・経験を活かした副業

公的支援に次いで多いのが、会社勤務で培ったスキル・経験を活用した副業です。

かつては副業というと、勤務先には内緒で就業後に飲食店でパートタイムで働くという具合に、勤務先での業務とまったく異なる仕事をするのが通例でした。勤務先での業務と同じ副業をしているのがバレると、就業規則違反で処分を受ける可能性が高かったからです。

ところが、副業を容認する企業が増え、就業規則の制約が緩和され、会社に損害を与えなければ同じ仕事をすることが許されるようになりました。経理部門で働く企業内診断士が中小企業の決算業務を手伝う、ＩＴベンダーでシステムエンジニアをしている企業内診断士が個人向けのセミナーでプログラミングを教える、ということが可能になっています。

ただ、日本経済新聞社が２０２０年10月に実施した調査によると、大手企業のうち従業員の副業を「容認している」という回答は3割にとどまりました。副業そのものがまだ珍しく、まして本業に近い内容の副業でバリバリ活動しているという診断士は例外的です。企業内診断士の副業は、公的支援を月に数日やるという程度が圧倒的に多いと思います。

02 企業内診断士・副業型のメリットと問題点

大きな収入は期待できない

先ほどの副業の目的に沿って、副業のメリットと問題点を確認しましょう。

まずは収入ですが、収入はまさにピンキリです。

収入ほぼゼロで、副業とは名ばかりという人もいれば、月に20万円以上稼いでいるというプロ顔負けの人もいます。診断士の副業に関する統計はなく、平均値はまったく不明です。

ただ、元々公的支援は報酬単価が異常に安いので、私の見る限り、公的支援を月1～2件こなしたり、知人の会社にアドバイスをして月1～5万円の収入、というケースがほとんどでしょう。

年末になるとよく、企業内診断士・副業型の方から、「今年は何とか〝診断士収支〟が黒字だった」という話を聞きます。〝診断士収支〟とは、報酬から中小企業診断協会の年会費など経費を差し引いた診断士活動の収支を意味します。つまり、企業内診断士・副業型の多くが、赤字か黒字かというレベルの収入しか得ていないということです。

月に数万円でも副収入があれば、メリットといえなくはありません。ただ、かかる時間・労力との対比でいうと、副業としてはかなり効率が悪いといえます。

成長欲求が満たされる

収入面で多くを期待できないとしたら、企業内診断士・副業型のメリットは何でしょうか。まず、成長欲求が満たされ、自己啓発の目的を達成することができます。

多くの診断士は、学ぶことが好きで、色々なことを学んで自分を高めたいという成長欲求を持っています。そういう企業内診断士は、単に研究会に参加して他人の話を聞いて学ぶというだけでは飽き足らず、より主体的な深い学びを求めます。その主体的な深い学びの1つが、副業によるコンサルティングの実践です。

副業のコンサルティングで企業内診断士は、商店街・工場・自治体などを訪問します。そこで、商店主・経営者・自治体職員といった人と出会います。見知らぬ場所で社外の多彩な人たちと経営の問題の解決に取り組むのは、企業内診断士にとって、視野と経験の幅を広げる絶好の成長機会になります。

また、商店街診断や工場診断はプロコンをリーダーに診断士がチームを組んで実施することが多く、企業内診断士はプロコンからコンサルティングのノウハウを学ぶことができます。多くの企業内診断士・副業型が、プロコンと一緒に仕事をして「やっぱり自分の腕1つで稼いでいるプロコンは、我々サラリーマンとは発想も姿勢も違う」という印象を持つようです（もちろん、逆に「プロといっても、そんなに大したことないな」という印象を持つ場合もあります）。

●診断士の副業はCSVの実践

さらに注目したいのが、企業内診断士の副業は、最高の社会貢献になりうるという事実です。社会貢献というと私たちが思い起こすのは、アフリカの難民に寄付をしたり、地震の被災地でボランティアをする、といった活動でしょう。しかし、一般の企業や社会人は、アフリカの難民について正しく理解しているわけではありませんし、災害ボランティアの知識・スキルを持っているわけではありません。もちろん、何もしないよりは格段に素晴らしいことですが、別に企業・社会人がやらなくても良いわけで、非常に効率・効果の悪い社会貢献といえます。こうした社会貢献は、厳しい言い方をすると、企業にとって「社会への免罪符」、社会人にとって「自己満足」です。

それに対して、企業や企業勤務者が本業で培った知識・スキルを使って社会貢献をすることができれば、企業・企業勤務者にしかできない、効果的な社会貢献になります。

前出の林啓史さんは、勤務先のバスクリンで、通常の業務に加えて、５年前から有志とともに、メイン工場の工場排水が流れる瀬戸川（静岡県）の水環境を調べる取り組みを行っています。また入浴剤の研究者としての経験を活かして、小学生低学年向けに水の大切さを伝える講義も行っています。こうした取り組みが評価されて、林さんは２０２０年、東京商工会議所が主催する「エコ検定アワード」のエコピープル部門で優秀賞を受賞しました。

経営戦略論の大家マイケル・ポーターは、２０１１年にＣＳＶという考え方を提唱しました。ＣＳＶ（Creating Shared Value：共有価値の創造）とは、企業が社会の問題の解決に取り組むことで社会的価値を創造し、経済的な価値も創造することを意味します。従来のＣＳＲ（Corporate Social Responsibility：社会的責任）が企業の活動と無関係で、企業の利益を犠牲にしての貢献を意味していたのに対し、ＣＳＶは企業が本業での強みや経営資源を生かして社会貢献しようというもので、いま世界の先進企業の間で広がりつつある重要なトレンドです。

林さんのように企業経営の専門知識と経験を持つ企業内診断士・副業型が本業に近いボランティア活動をするのは、まさしくＣＳＶの実践で、最高の社会貢献といえるでしょう。

プロコン・C型の事前準備としての副業

ところで、近年、独立志向の企業内診断士が増え、独立開業の事前準備として副業に取り組むケースが増えています。副業の独立開業の事前準備としての効果はどうでしょうか。

これはプロコン・C型とプロコン・D型で、効果が大きく異なります。

まず、将来プロコン・C型として独立開業するなら、企業勤務をしているうちに副業をすることは、事前準備として大きな効果があります。なぜなら、公的支援機関は実績重視で専門家を起用するからです。

企業内診断士が定年間際で独立開業し、ゼロから公的支援機関との人的ネットワークを構築し、実績を積むというのは、容易なことではありません。84頁で紹介する瀬戸正人さんのような成功例もあるので、まったく不可能というわけではありませんが、多大な労力と時間を要します。

その点、企業勤務をしているうちに、公的支援で実績を積んでおけば、「経験豊富な○○先生」ということで、独立開業後スムーズに案件の依頼を受けることができます。

また、公的支援には独特なやり方・手続きなどがあり（１０２頁参照）、経験を通して慣れておくことが大切です。独立開業前に経験して慣れておくと、独立開業後、円滑に業務を進めることできます。

実際に、大活躍しているプロコン・C型は、企業内診断士の頃から公的支援機関との関係づくりなどをしているケースが多い印象です。

副業はプロコン・D型の事前準備になるか

一方、あまり効果を期待できないのが、プロコン・D型を目指す場合です。

詳しくは第6章で紹介するとおり、プロコン・D型が行うコンサルティングは、プロコン・C型が行う公的支援よりもかなり高度です。中小企業がただ同然の低価格で公的支援を利用できるのと違って、大企業・中堅企業は高価なコンサルティング料を払うので、コンサルタントに高度な専門性を期待するからです。企業内診断士という立場で公的支援をいくら沢山こなしても、大企業・中堅企業のコンサルティングで必要なスキルは高まりません。

独立開業後の顧客開拓についても、あまり効果を期待できません。むしろ、マイナスに働く可能性があるので、要注意です。

Ｃ型でもＤ型でもプロコンが案件を受注するチャネルとして非常に多いのが、元勤務先の関係者の仲介です。

私の経験をお伝えしましょう。私は２００２年に独立開業する前に、中小企業診断協会の「転廃業指導マニュアル」の作成プロジェクトに参画するなど、副業に少し取り組んでいました（詳しくは１６３頁参照）。しかし、独立開業後、副業で知り合った関係者から案件を受注したことは皆無です。一方、元勤務先の日本石油（現・ＥＮＥＯＳ）の関係者からは、何件も案件の紹介をもらいました。またＥＮＥＯＳのグループ会社からも研修を請け負っています。

ここで元勤務先の関係者から声が掛かるのは、会社勤務時代にしっかり業務に取り組み、関係者から全幅の信頼を得ている人です。

世は副業の時代というものの、副業が企業から「容認」されているだけで、「本業そっちのけで副業に精を出す、浮ついたやつ」と冷ややかに見ている関係者が多いのが現実です。当然ながら、会社・従業員の将来を左右するコンサルティング・研修を、「なんだ、あいつは」と思っている相手に依頼することはありません。

「副業で独立開業の準備」というのが、近年の企業内診断士のトレンドになっていますが、ことプロコン・D型については、大いに疑問です。副業よりも、自己啓発で専門性を高めてビジネス書を出版する方が、はるかに有効な事前準備になるでしょう。

なお、コンサルティングファームへの転職を考えている場合も、副業はまったくプラスになりません。コンサルティングファームが展開しているコンサルティングは非常にシステマチックなやり方をしており、診断士のコンサルティングとはまったく別物だからです。

03 企業内診断士・副業型の活動のポイント

副業の目的を明確にする

企業内診断士・副業型にとってまず大切なのは、副業の目的を明確にすることです。目的によってやるべき業務や活動内容が大きく変わってきます。

「社会貢献」が目的という場合でも、ボランティアとして活動したいなら地震・台風などの被災地での公的支援というのが考えられます。一方、同じ「社会貢献」でも本業のスキルを生かしてCSVで貢献したいなら、本業に近い領域あるいは本業で培ったビジネススキルを生かせる案件に取り組みます。

「自己啓発」が目的という場合、ビジネスを見る視野を広げたいというなら本業から遠い案件、本業で使うスキルを高めたいなら、本業に近い案件になります。

なお、「収入」を目的とするのは、止めておいた方が無難でしょう。公的支援は単価が低いので、大きな収入を得るためには数をこなす必要があり、副業に長時間を取られてしまうからです。

大手流通業に努める和田孝弘さん（仮名）は、4年前に診断士を取得し、2年前から副業で公的支援をしています。「月5万円」という目標を設定し、帰宅後、補助金の申請書類の確認などをしています。副業は普段は大した負担ではありませんが、年末・連休など仕事の繁忙期に締切りが重なると、徹夜になってしまうことがあります。和田さんは30代前半と若いので今は徹夜しても問題ありませんが、「さすがにシンドイですね。あまり長く続けられそうにありません」と吐露しています。

収入を目的にすることはやめてそれ以外の目的で活動する、そして大きな収入があったら「ラッキー！」と喜ぶ、というくらいの方が長続きするように思います。

受注が最大の課題

企業内診断士が副業をする上で最大の関門になるのが、受注です。クライアントとなる民間企業の多くは、平日の昼間に事業活動をしています。平日の夜と週末で活動する企業内診断士・副業型が民間企業から受注するのは、物理的に制約されます。

また企業は、コンサルティングでせっかくお金を払うなら、プロコンを起用しようと考えます。プロコンですら受注に苦戦する中、企業内診断士・副業型がプロを差し置いて企業から受注するというのは、非常に困難なことです。

第6章で民間企業からダイレクトに受注する方法を紹介しますが、現実として、企業内診断士・副業型が民間企業から受注する場合、勤務先の関係者や地縁・血縁・学歴など自分自身のネットワーク内の関係者にアドバイスをするというケースが多いようです。

このうち、勤務先の関係者から受注する場合、競業避止義務に違反しないかどうか、細心の注意を払う必要があります。競業避止義務違反に引っかかって職を失うというリスクは避けなければいけません。

なお、一般個人向けのセミナーなら勤務先の関係者に該当せず大丈夫だろう、と考える企業内診断士が多いようですが、セミナーで勤務先のノウハウを使う場合、やはり競業避止義務に違反する可能性があります。

副業で民間企業や個人から受注する場合、事前に勤務先に相談し、競業避止義務に違反しないかどうか確認すると良いでしょう。

公的支援が副業の基本

受注しやすさや競業避止義務違反を回避するという点でいうと、企業内診断士・副業型は公的支援で活動するのが得策です。

近年、公的支援の案件が増えていますし、現役世代のプロコンは単価が安い公的支援を敬遠するので、公的支援の世界は深刻な人手不足に陥っています。人手不足を補うため、公的支援では企業内診断士の副業への期待が高まっており、意欲と能力のある企業内診断士にとって、チャンスが大きく広がっています。

詳しくは第5章で紹介するとおり、診断士は公的支援機関に案件から紹介を受けます。

企業内診断士が公的支援機関に直接専門家登録をすることも可能ですが、副業を始めた初期段階では、ハードルが高いのが実態です。公的支援機関は失敗のリスクを避けるために実績を重視しますし、平日昼間に稼働できないなど活動が制約される企業内診断士よりも、制約がないプロコンを優先するからです。専門家登録の場面だけでなく、専門家に案件を依頼する場面でも同様です。

そこで、企業内診断士は、受注グループや中小企業診断協会の研究会に参加し、それらを通して案件を紹介してもらうようにします。公的支援機関と関係が深く、活動が活発で、受注実績のあるグループ・研究会を選ぶと良いでしょう。

もちろん、グループ・研究会にただ参加するだけではダメで、研究発表などを通して「私はこういう専門性があります」とアピールする必要があります。

勤務先との関係に注意する

副業では、本業の勤務先との関係をどう維持するかも、重大な課題です。副業によって本業に悪い影響が出るようでは、本末転倒です。

前出の渡邊綾子さんは、副業をする上で、「勤め先との良好な関係構築が最も重要」と強調しています。渡邊さんは、副業の活動について積極的に上司に報告・連絡・相談をし、嘘や隠し事をしないように努めてきました。

さらに、次のようにポイントを語っています。

副業は自分の力で〝している〟のではなく、職場の理解や支えがあって〝させてもらっている〟ことを忘れないようにしています。自分の軽はずみな言動によって勤務先だけでなく公的支援機関や支援先企業に迷惑を掛けることがないように、人一倍気を付けています。

また、時間管理についても次のようにアドバイスします。

時間は有限！　私は勤め先では極力残業をしないように勤務時間内に効率的に業務を終わらせ、副業に振り向ける時間を生み出しています。副業のコンサルティング業務では、忙しさを言い訳にせず、常に成果を出す覚悟で依頼を引き受けています。ただし、うっかりすると働き過ぎになり自分の事業がブラック企業となってしまいます（笑）。副業に挑戦される企業内診断士の方は、スケジュールと体調の管理には十分に気を付け、常に最高のパフォーマンスを発揮できる体制を整えてください。

本業も副業も手抜きしない

渡邊さんが指摘するように、企業内診断士・副業型は本業も副業も手抜きをしてはいけません。副業が忙しくて本業で手を抜いたり、体調を崩すと、本業のパフォーマンスが低下します。パフォーマンスが下がると、勤務先での評価・報酬が下がり、「今年は副業で50万円稼いだが、本業のボーナスが１００万円減ってしまった」という笑えない事態になったりします。

一方、副業で「どうせ副業なんだから」といい加減な仕事をすると、「あの人にはちょっと任せられないな」ということで、副業の依頼が先細りになります。自分は副業のつもりでも、クライアントから見たらプロコンも企業内診断士もなく、同じ診断士です。副業という立場に甘えるのではなく、最高のパフォーマンスを出す人に、次の案件の依頼が来るのです。

本業か副業かという二者択一ではなく、本業も副業もしっかりやり遂げる覚悟があり、自分を厳しく律することができる企業内診断士が、本業でも副業でもうまく行くのでしょう。

第5章

プロコン・C型

中小企業支援機関との関係や人脈を使って中小企業・零細企業の支援に携わるのがプロコン・C型。

この章では、診断士の王道であるプロコン・C型の活動実態、メリットと問題点、活動のポイントを検討します。

01 プロコン・C型の活動実態

公的支援機関への登録が最初の一歩

プロコン・C型にも色々な活動スタイルがありますが、最も代表的なのが、公的支援（公的診断）で活動する診断士です。まず、このタイプの活動実態を紹介しましょう。

国・自治体は、中小企業の経営を支援するために、補助金・助成金・融資・税制措置・教育訓練といった政策を展開しています。国・自治体に代わって中小企業の現場で政策を推進するのが公的な中小企業支援機関です。診断士の間では「公的支援機関」とか単に「支援機関」と呼ばれます（以下、「公的支援機関」と表記します）。

代表的な公的支援機関は、【図表5−1】のとおりです。これは国・都道府県のもので、他にも区や市町村が設置する公的支援機関があります。また、区や市町村の経営相談窓口でも、多くの診断士が窓口業務を担っています。

公的支援は基本的に公的支援機関や自治体が行うので、公的支援の分野で活動したいというプロコン・C型は、まず公的支援機関や自治体に専門家登録します。

公的支援機関は実に千差万別で、診断士なら誰でも登録できる、あるいは資格がなくても登録

【図表5-1　公的支援機関】

分野横断型	分野専攻型
商工会	全国商店街支援センター
商工会議所	中小企業再生支援協議会
中小企業団体連合会	事業引継ぎ支援センター
中小企業支援センター（注）	経営改善支援センター
よろず支援拠点	認定連携創業支援事業者
中小企業基盤整備機構	下請け駆け込み寺
認定経営革新等支援機関	JETRO
日本政策金融公庫	知財総合支援窓口
商工組合中央金庫	中小企業大学校
信用保証協会	
中小企業投資育成株式会社	

（注）　各県で名称は異なる

（中小企業庁「中小企業の支援体制について」より抜粋）

できるという要件が緩い機関もあれば、豊富な活動実績がある診断士が面接審査を経てようやく登録できるという狭き門の機関もあります。

もちろん、前者は多数の専門家が登録しているので、なかなか案件の依頼が来ません。登録したきりまったく受注ゼロ、引き合いすらゼロということがよくあります。一方、後者は、登録するためのハードルが高い代わりに、登録したら案件の依頼が頻繁に来ます。

公的支援案件を受注する4つのチャネル

プロコン・C型は、以下のような4つのチャネル（経路）で公的支援の案件を受注します。

①　専門家登録している公的支援機関から依頼
②　同業者からの紹介
③　受注グループからの紹介
④　自分のクライアントが公的支援を申請

このうち最もオーソドックスなのは、①専門家登録している公的支援機関から案件の依頼が来るケースです。ただ、人によっては②③④で受注するケースも多いので、少し補足しておきましょう。

②　同業者からの紹介

公的支援に限らずプロコンの受注は、同業者からの紹介が多いのが実態です。つまり、あるコンサルタントに見込み顧客から引き合いが来て、専門分野が違う、スケジュールが合わない、といった理由で引き受けられない場合、知り合いの診断士を紹介します。「ＩＴ関係はちょっと対応できないので、ＩＴに強い知り合いのコンサルタントを紹介します」という具合です。

③ 受注グループからの紹介

公的支援の案件を受注することを目的に結成された診断士のグループが全国各地に多数あります。任意団体もあれば、会社組織になっていることもあります。地方では、中小企業診断協会が受注組織として大きな役割を果たしていることもあります。こうした受注組織が公的支援機関から案件を受注したら、それを受注組織のメンバーに割り振って担当してもらいます。

④ 自分のクライアントが公的支援を申請

顧問契約など関係のあるクライアントに公的支援施策を紹介し、自分が事業計画の作成や申請の支援をします。

公的支援は、クライアントが「この補助金を活用したい！」と希望し、診断士に側面支援してもらうという流れが本来の姿ですが、④では診断士がクライアントに「補助金が出るので、コンサルティングをさせてもらえませんか？」と持ち掛けるという本末転倒が多いようです。

公的支援とはいったい何をするのか？

では、公的支援とは、具体的にどういうことをするのでしょうか。

プロコン・C型がよく担当している「専門家派遣」「窓口相談」「申請支援」を紹介しましょう。

① 専門家派遣

中小企業からの依頼に基づき、支援機関が登録している専門家を派遣する支援です。専門家は、中小企業を訪問し、経営の問題について相談に乗ったり、指導や教育・研修をしたりします。

1回限りということもあれば、数回・数か月に渡って継続的に支援することもあります。

謝金は原則として、派遣元である支援機関から「1日当たり3万円」といった規定に基づき支給されます。定額が原則で、成果報酬はありません。

② 窓口相談

自治体・産業振興センター（各県で名称が異なります）・商工会などが相談窓口を設置し、登録している専門家が訪問してきた中小企業経営者などの相談に応じる業務です。

窓口の場で指導・アドバイスを行うのが基本で、1回当たり1時間以内が多いようです。ただ、その場で解決できない場合、専門家派遣など他の支援を紹介したりします。

謝金は、支援機関から定額が支給されます。

③ 申請支援

中小企業からの依頼に基づき、中小企業が補助金・助成金・融資など公的支援を申請する作業を診断士がサポートする業務です。

支援内容は施策によってまちまちですが、代表例として、ものづくり補助金を紹介しましょう。ものづくり補助金（正式には「ものづくり・商業・サービス生産性向上促進補助金」）は、中小企業が生産性向上を目指して行う設備投資を支援する補助金です。

代表的な「一般型」では、補助上限が１０００万円、補助率は中小企業が２分の１（小規模企業は３分の１）です。つまり、中小企業が２０００万円の設備投資をした場合、申請が採択されれば１０００万円が支給されます。

中小企業は、補助金を申請するにあたって、「認定支援機関確認書」を国に提出する必要があります。これは、国の認定をうけた経営革新等支援機関がものづくり補助金の申請書類の内容を確認したことを示す文書です。認定支援機関確認書には、今後の事業計画などを記載します。

経営革新等支援機関には金融機関や商工会議所・商工会、民間コンサルティング会社などが認定されており、中小企業は経営革新等支援機関の支援を得て事業計画を作成します。

診断士は、経営革新等支援機関として事業計画の作成など申請手続きをサポートします。なお、近年、申請時だけでなく、採択された後も継続的に事業計画の実行をフォローするよう国から求められています。

そして、診断士は、企業から報酬を受け取ります。報酬は着手金と成功報酬に分かれます。着手金は0～20万円、成功報酬は獲得した補助金の10～15％というケースが多く、大きな案件だと報酬の総額が100万円を超える場合もあります。

●人気・不人気の落差が激しい

ここまでプロコン・C型のうち、公的支援の活動を紹介しました。ここで注意したいのは、大活躍している人気の診断士とプロコンとは名ばかりで開店休業状態の診断士に二極分化していることです。

藤本隆幸さんは、民間企業の勤務を経て茨城県の岩間町商工会・茨城県商工会連合会・笠間市商工会で経営指導を担当した後、独立開業しました。現在は、中小企業基盤整備機構・関東本部の中小企業支援アドバイザーとして専門家登録し、関東一円の中小企業に経営指導をしています。この分野では引っ張りだこの人気者で、毎日のように関東各地の中小企業を訪問しています。

藤本さんは、前職で公的支援を経験していたから、大活躍できているのでしょうか。そうとは限りません。公的支援の経験がない民間企業の出身者でも、大活躍している診断士はいます。

瀬戸正人さんは、電機大手のパイオニアに58歳まで勤めて、独立開業しました。ゼロから公的支援について学び、公的支援機関との関係づくりを進めて、神奈川よろず支援拠点など公的支援活動の場を着々と広げました。70歳になった現在も、神奈川県・山梨県を中心に精力的に支援活

郵 便 は が き

料金受取人払郵便

落合局承認

4302

差出有効期間
2022年８月31日
（期限後は切手をおはりください）

161－8780

東京都新宿区下落合2-5-13

㈱ 税務経理協会

社長室行

お名前	フリガナ	性別	男 ・ 女
		年齢	歳
ご住所	□□□-□□□□ TEL （ ）		
E-mail			
ご職業	1．会社経営者・役員 2．会社員 3．教員 4．公務員 5．自営業 6．自由業 7．学生 8．主婦 9．無職 10．公認会計士 11．税理士 12．行政書士 13．弁護士 14．社労士 15．その他（ ）		
ご勤務先・学校名			
部署		役職	

ご記入の感想等は，匿名で書籍のＰＲ等に使用させていただくことがございます。
使用許可をいただけない場合は，右の□内にレをご記入ください。 □許可しない

ご購入ありがとうございました。ぜひ、ご意見・ご感想などをお聞かせください。
また、正誤表やリコール情報等をお送りさせて頂く場合もございますので、
E-mail アドレスとご購入書名をご記入ください。

この本のタイトル	

Q1　お買い上げ日　　　　年　　　月　　　日

ご購入方法
1．書店·ネット書店で購入（書店名　　　　　　　　　　）
2．当社から直接購入　　3．その他（　　　　　　　　　）

Q2　本書のご購入になった動機はなんですか？（複数回答可）
1．タイトルにひかれたから　　2．内容にひかれたから
3．店頭で目立っていたから　　4．著者のファンだから
5．新聞・雑誌で紹介されていたから（誌名　　　　　　　　　　）
6．人から薦められたから　　7．その他（　　　　　　　　　　）

Q3　本書をお読み頂いてのご意見・ご感想をお聞かせください。

Q4　ご興味のある分野をお聞かせください。
1．税務　　2．会計・経理　　3．経営・マーケティング
4．経済・金融　　5．株式・資産運用　　6．法律・法務
7．情報·コンピュータ　　8．その他（　　　　　　　　　）

Q5　カバーやデザイン、値段についてお聞かせください

①タイトル	1良い	2目立つ	3普通	4悪い
②カバーデザイン	1良い	2目立つ	3普通	4悪い
③本文レイアウト	1良い	2目立つ	3普通	4悪い
④値段	1安い	2普通	3高い	

Q6　今後、どのようなテーマ・内容の本をお読みになりたいですか？

動を続けています。

岩崎美紀さんは、東京都出身ですが、転勤族の妻として、福岡県小倉市、大阪市、千葉県船橋市、愛媛県松山市、静岡県浜松市と住まいを転々とし、今は大分市に住んでいます。転居した先々で中小企業基盤整備機構・よろず支援拠点・事業引継ぎ支援センターなど公的機関と関係を構築し、現在は九州・四国・中国と西日本一円を飛び回って、年中ほぼ休みなく中小企業を支援しています。

一方、いくつかの公的支援機関に登録したものの、ほとんど案件を受注できないという不人気の診断士も多くいます。月に1件、あるいは年に数件受注するだけという状態です。

そして、数でいうと、藤本さん・瀬戸さん・岩崎さんのような人気者は少数派で、不人気の診断士が多数派です。まったくの印象ですが、公的支援で活動するプロコン・C型が10人いるとしたら、大人気が1人、不人気が9人というところです。

公的支援の活動状況が二極分化する理由

プロコンは客商売、人気商売なので、どの分野のどういうタイプのコンサルタントでも、活動実態は二極分化しています。ただ、とりわけ公的支援の分野では、二極分化が著しい印象です。

二極分化するのには、理由が3つあります。

第1に、公的支援機関はコンサルタントの過去の実績を重視するからです。国民の税金を使って支援する公的支援機関は、民間企業と違って失敗することが許されません。そのため、「△△先生は、経験は浅いけど、なんだか見込みがありそうだな。ちょっとお願いしてみるか」と若手の診断士を冒険して起用するよりも、「まあ、ここは手堅くいつもの○○先生にお願いしよう」と実績あるベテランを起用します。

第2に、自治体や公的支援機関のヨコの繋がりが強いからです。自治体は近隣の自治体と連携していますし、商工会は県内での横のつながりが強力です。そのため、ある自治体・商工会で案件を受注し、しっかりやり切って、「○○先生はやっぱり良いぞ！」という評判が立つと、評判がヨコに広がり、どんどん受注が増えていきます。民間企業の案件では、昔は業界団体を通じて仕事がヨコに広がるということがよくありましたが、近年非常に珍しくなっています。ヨコへの広がりは、公的支援業務の大きな特徴になっています。

実績を上げると、実績重視でさらに依頼が来ます、そして人気が地域を超えて広がっていきます。逆に、実績を上げないと、ますます受注が先細りになっていくのです。

第3に、不人気で低収入でもプロコンを辞めないという事情があります。第6章で紹介するプロコン・D型の場合、特に都市部に住む30代から40代の現役世代は、独立開業して受注が増えなかったら、1～2年であきらめて生活維持のために企業に再就職したりします。そのため低収入の状態が何年も続くということは（あまり）ありません。ところが、公的支援で活動するプロコン・C型は、50〜70代と高齢で、蓄えや年金収入があります。不人気で受注=収入が少なくても、生活には困らないので、「まあボランティアだと思ってのんびりやるか」と長く公的支援を続けるのです。

ここ数年、公的支援はバブル状態

ただし、ここ数年（２０１５年頃〜２０２１年現在）に限っていうと、以上の構図が大きく変化しています。

１９９０年代〜２０１３年頃まで、国・自治体の財政難や行政改革の流れを受けて中小企業政策の見直しが進められ、中小企業政策は縮小傾向にありました。診断士の間では、よく「もう公的支援では飯は食えない」といわれました。

ところが、経済産業省が強い影響力を持った先の安倍政権は、中小企業支援に力を入れて、ものづくり補助金や小規模事業者持続化補助金など公的支援の予算・メニューを拡充しました。そのため、公的支援の案件が大幅に増えました。

この活況に、２０２０年の新型コロナウイルス感染症に対応した中小企業支援政策が加わりました。いま、公的支援のコンサルタントの間で「コロナバブル」という不謹慎な言葉が使われています。

関東で自治体の窓口相談を担当するプロコンの永松富雄さん（仮名）は、「以前は窓口相談を月2回担当するだけで、68歳になるのでそろそろ引退しようかと考えていました。ところが、新型コロナウイルス感染症で相談件数が増え、今は週2回やっています。この状況なのであまり大きな声ではいえませんが、他の公的支援も含めてウハウハです」といいます。

人気だった診断士はさらに超多忙になり、不人気だった診断士もそこそこ忙しいという状態になっているのです。

中小企業へのコンサルティング

プロコン・C型は、公的支援だけでなく、民間の中小企業にコンサルティングや研修などを実施することがあります。また、顧問としてクライアントの相談に乗ったりします。

① コンサルティング

クライアント企業が抱える問題を分析し、解決策をアドバイスをする業務です。

以前は分析（診断）が主体でしたが、アドバイスだけでなく、解決策を実際に作るところまで行う場合もあります。たとえば、人事評価制度について分析するだけでなく、新しい評価制度を作る、という具合です。特にＩＴでは、分析・アドバイスよりも、システムを作るところで主に収入を得るというのが一般的です。

② 研修

ビジネスのテーマについて、従業員に知識・スキルを教えます。研修には、「新入社員研修」「管理職研修」といった特定の社内階層に絞って実施する階層別研修と「問題解決研修」「コミュニケーション研修」といったスキルを学ぶ研修があります。

③ 顧問

社長からの相談に乗ったり、経営会議などに出席してアドバイスをしたりします。コンサルティングがスポットの業務であるのに対し、顧問は、顧問契約を結んで長期的・継続的にサービスを提供します。

このうちコンサルティングと研修は、公的支援の案件と比べて、さほど頻繁に行われているわけではありません（この2つは、**第6章**で詳しく紹介します）。本格的なコンサルティングや研修は高額なので、中小企業がなかなか費用負担しにくいためです。また、簡単な相談なら、中小企業は公的支援機関のサービスを利用するからです。

顧問契約は重要な安定収入源

一方、プロコン・C型の活動で重要な位置を占めているのが、顧問契約です。顧問契約を獲得すると、長期に渡って安定的な収入を期待できるので、多くのプロコン・C型が顧問契約を獲得することを事業の目標にしています。

プロコンが中小企業と顧問契約を結ぶきっかけは、以下の3つです。

①　地縁・血縁・職縁といったコネ
②　コンサルティングや研修などでの支援先からの依頼
③　エージェントによる仲介

近年、コンサルタントなど専門家を仲介するエージェント（③）が増えています。大手企業では、エージェントを使って社外取締役を探すというのが一般的になっています。しかし、中小企業の顧問については、報酬額が低く、エージェントが手間暇かけて仲介しても割に合わないので、エージェントの利用はあまり広がっていません。「顧問バンク」「顧問名鑑」のようなマッチング・サイトもありますが、中小企業に関してはさほど機能していない印象です（顧問というよりは営業協力の案件がほとんどです）。

印象としては、断然①が多く、次いで②が少しあり、③はほとんどありません。

企業と顧問契約を交わしたら、定期・不定期で企業にアドバイスをします。定期的に顧問先の経営会議や取締役会に出席するケースもあります。

不定期で社長や従業員の相談に乗るカウンセラーないしコーチ的な関係の場合もあります。

また、アドバイスにとどまらず、教育訓練を引き受けたりする場合もあります。

ということで、顧問の活動は非常に多様で、活動頻度もまちまちです。したがって報酬額もピンキリですが、１社あたり月３万円~20万円というレンジだと思います。

中には、顧問オンリーで活動し、顧問契約を10件以上獲得し、月１００万円稼いでいるという人気者もいます。ただ、こうした人気者は例外で、大半は「学生時代からの友人が経営している会社に月１回顔を出して、月５万円報酬を受け取る」といった契約を１、２件持っている具合です。

02 プロコン・C型のメリットと問題点

仕事の満足度は非常に高い

プロコン・C型の中心的な活動である公的支援について、メリットと問題点を確認しましょう。

プロコン・Ｃ型の最大のメリットは、仕事への満足度が高いことです。

人間は、困っている人を助けたい、他人から感謝されたい、地域の発展に貢献したい、といった根源的な欲求を持っています。プロコン・Ｃ型は公的支援の活動を通して、これらの欲求を満たすことができます。

全国に約３５０万社ある中小企業は、戦後日本の経済発展を支えてきましたが、近年は地域人口減少、技術革新、グローバル競争といった変化を受けて、厳しい経営状態に陥っています。そこに新型コロナウイルス感染症が直撃し、いま多くの中小企業が存亡の危機に直面しています。プロコン・Ｃ型の公的支援の支援先は、まさにこうした困難な状況に置かれている中小企業です。プロコン・Ｃ型は、中小企業の経営者・従業員と協力して、中小企業の課題の解決に向けて取り組んでいます。これはまさに、人を助ける活動です。

そして、診断士の支援によって会社が発展したとき、危機的な状況から立ち直ったときには、経営者から涙を流して感謝されます。

また、多くの中小企業は地域密着で活動しており、中小企業を支援することは、その地域の発展に繋がります。プロコン・Ｃ型として活動することで、自分が生まれ育った地域の発展に貢献することができるのです。

困っている人を助けて、心から感謝され、地域の発展に貢献する。これは、あくまでビジネスであるプロコン・Ｄ型のコンサルティングはもちろん、世の中の他の仕事でもあまり味わえない、尊いことではないでしょうか。

　プロコンが発信しているＳＮＳが沢山ありますが、プロコン・Ｄ型は稀で、ほとんどがプロコン・Ｃ型です。プロコン・Ｃ型は、中小企業への公的支援を担って充実した毎日を送っていることを、胸を張って生き生きと発信しています。

高収入は期待できない

　ただし、プロコン・Ｃ型には大きな問題があります。それは、収入が異常に低いことです。

　公的支援を一括りにはできませんが、１日当たり１～６万円くらいの報酬の案件が多いようです。たとえば、横浜市中小企業支援センター「ワンストップ経営相談窓口」の経営相談員の募集条件を見ると、報酬は「１日あたり２万２千円（交通費・所得税など込み）」となっています。

　単価が安いなら稼働日数を増やせばいいわけですが、これがなかなか難しい注文です。公的支援は実績重視なので、実績のある一部の人気者に案件が集中しがちです。専門家派遣などは、企画・調整・報告など報酬支払いの対象にならない業務や準備作業もあり、超人気者でも、年間２００日以上稼働するのは困難です。たまに「年間３００日働いています」と公言するコンサルタントがいますが、おそらく報酬の対象となる稼働日数ではなく、報酬にならない業務も含めた日数のことをいっているのでしょう。

超人気のプロコン・Ｃ型でも、年２００日稼働で１日４万円だとすると、年収８００万円に過ぎません。ましてや、週に１、２日稼働する程度の大半のプロコン・Ｃ型の年収は、推して知るべしでしょう。

もちろん、ものづくり補助金のように成功報酬型の案件がありますし、民間企業のコンサルティングでは、高額の案件もあります。ただ、大型の補助金案件を受注するのは年に数件というところですし、コンサルタントに年何百万円も報酬を払える中小企業はそんなに多くありません。

以上からプロコン・Ｃ型の年収は、６００万円以上がチラホラ、１０００万円以上は極めて少なく、大半は０～４００万円というところでしょう。

仕事の広がりがない

それよりも私がプロコン・Ｃ型の活動で問題だと思うのは、仕事の広がりがないという点です。正確にいうと、ある地域で公的支援をして、同じ支援を別の地域で展開するというヨコの広がりはたまにありますが（ただし一部の人気者）、民間企業のコンサルティング・研修、といった他の業務に広がることはほとんどありません。

よく診断士の世界では、「公的支援は単価が安くて儲からないけど、そこで地域の中小企業と関係を作って、コンサルティングや研修、さらには顧問契約に繋げるのがコツだ」といわれます。しかし、これはあまり現実的ではありません。

そもそも、中小企業がなぜ公的支援を利用するかというと、経営状態が悪く、コンサルタントに十分なコンサルティング料や研修費用を払うのが難しいからです。そういう中小企業と沢山関係ができても、なかなか業務が広がりません。

中小企業も色々ですが、自腹を切ってコンサルティングや研修を診断士に依頼するのは、事業が順調で、さらに成長・発展したいという企業です。公的支援を通してそういう中小企業と巡り合うというのは、レアケースです。

もちろん、公的支援をきっかけに地域のネットワークが広がり大型案件を受注できた、地域の起業家向けに創業支援をしたら企業が順調に育って研修を継続的に受注するようになった、という成功例がないわけではありません。ものづくり補助金など優良な中小企業が利用している公的支援もあり、そこからビジネスが広がるということはあります。ただ、こうした成功例は、あくまでも例外と捉えるべきでしょう。

同じ中小企業といっても、公的支援に頼る経営状態の悪い企業と有料でコンサルティング・研修を利用する経営状態の良い企業は、まったく別種です。前者をいくら沢山開拓しても、後者のビジネスには発展しないというのが現実なのです。

知識・スキルが高度化しない

仕事の広がりではもう1つ、プロコン・C型の活動では知識・スキルが高度化しないという点も問題です。

公的支援のうち専門家派遣は、名称のとおり、やや専門的な知識・スキルが要求されます。ただ、派遣先の中小企業の経営者・担当者の知識・スキルが低いので、専門性が低い診断士でも対応できます。

窓口相談では、「取引先が代金を払ってくれない」「バイトが突然辞めてしまった」といった専門性の低い相談が多く、しかもある程度パターン化されています。慣れは必要ですが、逆に慣れてさえしまえば、惰性で業務を続けることができます。

申請支援は、大半は申請書類の書き方をアドバイスする程度で、しかもかなりパターン化されています。1回やって慣れれば、それ以降は問題なくこなせます。

このように公的支援は専門性が低いので、プロコン・C型は大して勉強しなくても、すでに持っている知識・スキルと経験を「切り売り」することで、問題なく業務をこなすことができます。という話をすると、「いや、そんなことはない、公的支援の業務も高度だ」と猛烈に反論する診断士がたまにいますが、さてどうでしょうか。

中小企業と大企業では、仕事の細分化・専門化の度合いがまったく異なります。たとえば、中小企業なら「管理業務担当」として管理業務全般を１人で担います。大企業には数百人の管理部門の担当者がいて、各人は「管理本部・経理部・税務グループ・所得係・税務調整担当」という具合に細分化された業務を担当します。したがって、自然と業務の専門性が高くなります。また、大企業には診断士・弁護士・会計士など資格や博士・ＭＢＡなどの学位を持つ専門性の高い社員が沢山います（専門性が低い〝ぶら下がり社員〟もまた沢山いますが）。大企業と取引するプロコン・D型には、彼らを上回る専門性が要求されます。このようにプロコン・D型との比較では、プロコン・C型の業務は難易度が低いのです。

大して勉強しなくても仕事をこなせて満足度と（少ないですが）収入を得られるというのは、勉強が嫌いな診断士にとっては楽な状態で、メリットといえます。

しかし、新しいことを学んで成長し、より高度な仕事をしたいと考える向上心の強い診断士にとっては、かなり物足りないはずで、デメリットといえるでしょう。

03

プロコン・C型の活動のポイント

まず専門家登録する

公的支援で活動するには、公的支援機関に専門家登録します。高度な専門性が要求される案件や特殊な案件については、専門家登録していない診断士に声が掛かることもあります。ただ、圧倒的に多いのは、専門家登録している診断士の中から、案件の内容に応じて公的支援機関が業務を依頼するパターンです。

公的支援機関は、常時専門家を募集しているわけではありません。以下のようなときに、必要に応じて募集します。

- 新しい中小企業政策が導入されたとき
- 予算が増えたとき
- 現在の登録専門家では対応できない案件が出てきたとき
- 東日本大震災や新型コロナウイルス感染症のような緊急事態
- 専門家を刷新したいとき

なお、最後の「専門家の刷新」というのは、すでに登録し活動しているベテランの専門家に代わって、若手の専門家に活動してもらおうということです。

実績重視で低報酬の公的支援では、どうしても高齢の専門家が多くなります。活動している専門家は全員60歳以上という公的支援機関も珍しくありません。一方、中小企業からは「バイタリティと斬新さがある若手の専門家を紹介して欲しい」と要望されることがあります。公的支援機関は、その辺りの状況を睨んで世代交代を進めるわけです。

専門家登録をするには？

公的支援機関に専門家登録をするには、どうすれば良いのでしょうか。

まず、公的支援機関が専門家を公募することがあるので、応募します。公的支援機関のホームページや中小企業診断協会の機関誌などで、公募情報をこまめにチェックしましょう。

ただ現実には、公的支援機関が公募をせず、ネットワークから専門家を探すというケースが多いようです。また公募をする場合でも、実はすでにネットワークの中から選定済み、ということがよくあります。

これは、公募に応募者が殺到すると選考作業が面倒くさいから、という事情もありますが、まったく知らない応募者に対して公的支援機関の担当者が「本当に仕事を任せて大丈夫なのか」

と不安を覚えるからです。

では、公的支援機関のネットワークとは具体的にどういうことでしょうか。公的支援機関の担当者が自分の知人に声を掛ける場合もありますが、それより多いのは、その公的支援機関にすでに登録し、活躍している専門家から紹介を受けることです。公的支援機関は登録している専門家に「先生の知り合いで、知的財産の分野に強い診断士を紹介してもらえませんか」と相談するわけです。

プロコンには専門家同士のヨコの繋がりがあります。信頼できる登録専門家から「この人をお勧めします」と候補者を紹介してもらえれば、公的支援機関は安心できます。

また、高齢になった専門家が引退を決め、後任の専門家を公的支援機関に紹介するということがあります。窓口相談の相談員は、このパターンで新たに登録するというケースが多いようです。

したがって、公的支援機関に専門家登録をしたいなら、公的支援機関の担当者や活動している登録専門家と関係づくりをする必要があります。

特に、中小企業診断協会の研究会や受注グループには公的支援機関に専門家登録しているメンバーがいるので、参加して関係を深めると良いでしょう。しかし、研究会にただ参加し、他人の発表を聞いて、飲み会で懇親を深めるというだけでは、なかなか関係は深まりません。自分にはどういう専門性があり、どういう支援に取り組みたいのか、を伝えるようにします。専門性をアピールするには、研究発表を積極的にやりましょう。

公的支援機関で業務を広げるには？

こうして専門家登録をしたら「よしバリバリやるぞ！」と気持ちがはやりますが、登録してもすぐに仕事が舞い込んでくるというわけではありません。案件が多い有力な公的支援機関には沢山の専門家が登録しており、専門家同士の競争があるからです。繰り返しますが、失敗したくない公的支援機関は、実績重視でベテランの専門家を起用し、新人にはなかなかチャンスが回ってきません。

公的支援機関の中で実績を積んでいくためにまず大切なのは、「お試し案件」をしっかりやり切ることです。「お試し案件」というのは私の造語です。公的支援機関が実績重視でベテラン専門家を起用し続けると、専門家の新陳代謝が進みません。そこで、新たに登録した新人専門家に難易度の低い案件を試しに担当してもらい、仕事ぶりを評価してその後の対応を決めるというわけです。

この「お試し案件」をしっかりやり切って、公的支援機関の担当者から「この新人は頼りになるぞ！」という高評価を得ると、以後、次々と依頼が舞い込んで来るようになります。逆に期待を下回るパフォーマンスだと、もうお声が掛からなくなります。

難易度が低い「お試し案件」といっても、しっかり事前準備し、担当者や支援先の期待を上回るパフォーマンスを出す必要があります。

もう1つ大切なのは、スキルや経験の幅を広げて、それを担当者に知ってもらうことです。色々なタイプの中小企業の課題に対応する公的支援機関では、時おり今までにない案件が発生します。たとえば、「外国人労働者が待遇の改善を求めて経営者に訴訟を起こした」といった場合です。

公的支援機関の担当者は、まず登録専門家の中から対応できる専門家を探すのですが、新規性の高い案件なら、ベテランの実績はあまり関係がありません。他の登録専門家にはないスキル・経験を持っていれば、案件に声が掛かる可能性ががぜん高くなります。

公的支援の実施で注意するべきこと

ここまで、プロコン・C型の最大の関門である専門家登録と案件の獲得について見てきました。依頼を受けた後、公的支援を実施する上での留意点を確認しておきましょう。

① 公的支援機関の独特のやり方を知る

公的支援では、募集・手続き・実施・評価・報告など各公的支援機関により独特なルールがあります。しかも、そのルールが民間企業のものと大きく違ったりします。公的支援機関はルールに沿ってきっちり仕事を進めることを重んじるので、ルールを理解し、遵守する必要があります。

また、ルールとして明文化されていない独特のコツのようなものが沢山あります。公的支援機関の台所事情や国の方針転換などによって、活動が制約されることもあります。経験を積んで、業務に慣れて、公的支援の世界を知り、コツや急所を掴むことが大切です。

②　公的支援機関の担当者と緊密に連携する

多くの公的支援案件では、公的支援機関の担当者が支援先や関係者・関係機関などと橋渡しをするコーディネーターの役割を担っています。コンサルタントが公的支援を円滑に進めるには、担当者と良好な関係を築き、緊密に連携する必要があります。

まず、公的支援機関や担当者のことを理解します。そして、案件の狙い・担当者の期待・考え方などを理解するよう努めます。逆に、コンサルタントの側からも、自分の考え方・仕事の進め方などを担当者に伝えるべきです。

③　支援先と良好な関係を築く

最終的には、支援先との関係が、公的支援の成果を左右します。支援先に経営者が経営の悩みごとを包み隠さず話してくれないと支援のしようがないわけですが、人は信頼していない相手に自分の悩みごとを相談しません。経営者から何でも相談してもらえる関係を早期に構築する必要があります。

初対面の相手と信頼関係を築くというのは容易なことではなく、必勝法はありません。ただ、相手の話にしっかり耳を傾けて悩みごとに真摯に向き合うということは、絶対に必要です。まだ十分に事情がわかっていない段階で「そのやり方では、従業員は社長に付いてきませんね」などと相手のことを否定すると、相手は口を閉ざしてしまいます。自分の意見は控えて、相手を受け止めるべきなのです。

経営者の依頼にそのまま取り組むべきか

ここで③支援先との関係について、補足しましょう。

経営者は、悩みごとを解決するためにコンサルタントに相談する（consult）わけですが、意外と本音を語りません。特に外部環境のことや従業員のことは饒舌にしゃべるのに、自分の経営や自分自身のことになると途端に口を閉ざしてしまう、ということがよくあります。

しかし、分業体制が確立された大企業と違って、中小企業では、経営がうまく行くも行かないも、経営者次第です。経営者が自分のことを含めて本音と実態を語ってくれないと、改革は前に進みません。

たとえば、ある専門商社で営業担当者による不祥事が増えているという問題について、経営者が次のようにコンサルタントに依頼しました。

「わが社の営業担当者は、コンプライアンス意識が低い。従業員をしっかり監視する仕組みを作って欲しい。」

ここで、依頼を受けたコンサルタントは、「経営者からの要望だし」ということで「従業員を監視する仕組みの構築」というテーマで支援に突き進んではいけません。経営者のいう「営業担当者のコンプライアンス意識が低い」ことが、不祥事増加の真の原因とは限らないからです。

経営者からの要望を聞いた後、コンサルタントはまず、支援先の現状を分析します。外部環境、事業・組織・人材などについて包括的に調べて、不祥事増加の原因は何か、他に重要な問題はないのか、という点を明らかにします。そして、真の問題がわかったら、改めて経営者と支援のテーマを協議します。

この専門商社では、経営者が営業担当者に細かい指示を出し、営業担当者の行動を経営者が逐一監視するやり方でした。ところが、営業地域が広がり、従業員が増えて組織が大きくなると、このやり方では十分に監視の目が行き届かなくなってきた、というのが実態でした。「営業担当者のコンプライアンス意識が低い」というよりも、組織の実態の変化に合わない組織運営を続けていたことが問題でした。

そこで、コンサルタントは経営者と改めて協議し、「従業員を監視する仕組みの構築」ではなく、「分権的な組織運営への転換」に取り組むことを提案しました。経営者はコンサルタントの提案に納得し、組織運営の改革というテーマに取り組みました（この事例について詳しくは、拙著『コンサルタントが役に立たない本当の理由』（中央経済社）を参照）。

中小企業の自律化を支援する

この事例では、経営者が自分が最初に要望したテーマが間違っていることに気づき、テーマを変更しました。しかし「俺の要望通りにやってくれればいいんだ」ということで最初のテーマで進めたり、「よそ者のコンサルタントに何がわかる」ということでコンサルタントと喧嘩別れになってしまうことがよくあります。

そこでコンサルタントが考えなければならないのは、コンサルタントのクライアントへの貢献とはいったい何なのか、という本質的な問いです。

よく「経営者の想いを具現化することが、コンサルタントの役割だ」といわれます。しかし、経営者は、必ずしも自社の問題を正確に把握しているとは限りません。

また、「なんだかんだいっても、経営者が望む補助金を獲得することがコンサルタントの役割だ」といい切るプロコン・C型がいます。しかし、補助金によって延命できても、経営が立ち直ったという企業は、極めて少ないのが現実です。

私は、コンサルタントの役割は、「経営者」の想いを実現することではなく、クライアント「企業」の発展に貢献することだと思います。もちろん、両者が一致すれば何ら問題ありませんが、一致しない場合、「経営者」よりも「企業」を優先するべきだと思います。1人でも従業員を雇っていれば、企業は社長の私物ではなく、社会の公器になるからです。

さらに、コンサルティングで経営の問題を解決するだけでなく、クライアント企業の社長・従業員が問題解決の進め方を習得し、自分で問題を見つけ出し、自分の力で解決できるのが、理想です。コンサルタントのアドバイスがなくても自律的に組織を運営できる状態です。

何か問題が起こったらコンサルタントに繰り返し相談が来るというのは、コンサルタントのビジネスとしてはありがたいことです。しかし、クライアントの自律化という点では、決して望ましいことではありません。

私は、中小企業診断士養成課程や実習インストラクター養成研修の場で、「コンサルティングの究極の目的はコンサルティングをなくすことである」と受講者に伝えています。経営改革の成果を出すにとどまらず、クライアントの経営の自律化を実現するのが、コンサルタントの役割なのです。

実は専門性が必要？

中小企業の支援で大活躍しているプロコン・C型は、どのような条件を備えているのでしょうか。中小企業基盤整備機構の職員・森下久男さん（仮名）は「組織としての意見でなく、まったく個人的な見解ですが」と前置きした上で、公的支援機関から声が掛かりやすい専門家の条件を次のように説明してくれました。

> 最低限の専門性はもちろん必要ですが、それよりも人間性です。中小企業の経営者から信頼され、心を開いて相談してもらえないと、良い支援をすることはできません。また、依頼する我々から見ると、責任をもって案件をやり遂げる、手抜きせず期待を上回る仕事をしてくれるという専門家は、やはり安心してお任せできます。
>
> さらに、好奇心・チャレンジ精神が旺盛で、新しい分野、新しい業務に挑戦する専門家は、我々としても応援したくなります。活躍している専門家を見ると、向上心があり、過去の実績に安住せず、常に自分を高める努力をしている印象です。

私も森下さんと同じ印象を持っています。先ほど、「公的支援に専門性は要らない」といいました。ただ、専門性が要らないからといって手を抜くのではなく、しっかりベストを尽くして取り組むこと、さらに、より良い仕事をするために専門性を高めること、これらを継続的に実施する必要があるわけです。

前出の岩崎美紀さんは、公的支援のやりがいと成長することの大切さについて、次のように語ってます。

> 公的支援は、窓口相談や専門家派遣のほか、支援機関や自治体の職員と連携して支援事業そのものの企画・運営などに携わるものもあり、やりがいを感じられる仕事です。支援事例の募集や事例集への掲載など発表の場も多く、常に成果を出し、それを表現することが求められ、応えていくことで次の仕事に繋がります。
>
> 事業者の費用負担は無料に近く、われわれへの謝金も民間と比較すれば限度があります。しかし、当然ですが手加減はしません。全力で支援した先が成長すれば、企業としてのステージも上がり新たな課題が生まれます。その時に思い出して選んでもらえる診断士として、こちらも成長しておかなければとの思いで、毎日、数多くの支援にあたっています。

期待に応えるためには成長する努力が必要です。結果的に大活躍しているプロコン・C型を見ると、高度な専門性を備えているのです。

バブルは長く続かない

近年、安倍政権下で公的支援が拡充されたことを受けて、プロコン・C型として独立開業する診断士が増えています。特に２０２０年は、新型コロナウィルス感染症対策で支援メニューが拡大し、業界では「コロナバブル」といわれるほど、プロコン・C型のビジネスは活況を呈しています。

ただ、この活況がいつまで続くのか、慎重に見極める必要があります。

まず、２０２０年に新型コロナウイルス感染症対策でかさ上げされた公的支援は、今年か来年新型コロナウィルス感染症が終息したら、確実に剝げ落ちます。

また、日本の中小企業政策を痛烈に批判するデービッド・アトキンソン氏が菅義偉首相の肝煎りで２０２０年10月に設置された成長戦略会議の委員に就任しました。菅首相はアトキンソン氏に心酔していることから、安倍政権下で膨れ上がった公的支援のうち、中小企業の延命を目的としたものについては、縮小に向かうことでしょう。

そもそも、日本は国・自治体ともに財政が困窮し、公的支援に大盤振る舞いできない、これから中小企業の廃業が増え公的支援の対象層が縮小する、という基本条件があります。

若手の診断士の方には想像できないかもしれませんが、公的支援は１９９０年代からずっと下り坂の構造不況業種です。たまたま安倍政権下で大いに盛り上がりましたが、今後、公的支援はまた下り坂に逆戻りすることを覚悟するべきでしょう。

市場が縮小する中、プロコン・C型はどうやって生き残るべきでしょうか。

1つは、専門性を高めて、他のプロコン・C型と差別化することです。繰り返しますが、公的支援にはさほど高度な専門性が要求されるわけではありません。ただ、プロコン・C型がわんさか有り余る今後の状況で中小企業から選ばれるのは、高度な専門性を備えたコンサルタントでしょう。

公的支援以外にも活躍の舞台は広がっている

プロコン・C型が生き残るもう1つの道は、プロコン・D型に転身することです。

かつて日本企業では自前主義が徹底していて、身内の恥である経営の問題を部外者のコンサルタントに相談するという習慣はありませんでした。2000年以降、経営環境が厳しくなり、技術が高度化するにつれて、大手企業ではコンサルタントを起用して経営改革に取り組む動きが広がっています。ただ、1886年に世界初のコンサルティング会社Arthur D. Lttileが生まれ、130年以上の歴史を持つアメリカと比べて、日本企業のコンサルティングの利用金額は、一桁小さいというのが現状です。

今後日本企業は、経営がますます厳しくなることが確実で、それに伴いコンサルタントの活躍の舞台が広がります。今は大企業が中心ですが、中堅・中小企業もコンサルタントを起用するようになるでしょう。公的支援と違って、民間企業へのコンサルティングは実は成長業種なのです。また、コンサルティングだけでなく人材育成でも、民間企業のビジネスには追い風が吹いています。日本企業では先輩社員が後輩に基本業務を教えるＯＪＴが主体で、外部講師を招いてＯｆｆ－ＪＴ＝研修をするということは稀でした。日本企業の従業員１人当たりの研修費用はアメリカ企業の３分の１程度だという調査結果があります。

先輩社員が高度な経営管理・技術を教えることはできません。経営・技術が高度化すると、人材育成の中でＯＪＴから研修に比重が移ります。研修も、長い目で見て成長業種なのです（コロナ禍の今は、研修の削減が進められていますが）。

もちろん、誰でもプロコン・Ｄ型として活動できるわけではありません。クライアントから喜んで高いフィーを払ってもらうには、プロとしてクライアントの期待を上回る専門性が必要です。

つまり、プロコン・Ｃ型として引き続き活動するにせよ、プロコン・Ｄ型に転身するにせよ、専門性を高めることがカギを握るのです。

第6章

プロコン・D型

プロコンのうち、大企業・中堅企業から直接受注するのがプロコン・D型です。

この章では、プロコン・D型の活動実態、メリット・問題点、活動のポイントを紹介しましょう。

01 プロコン・D型の活動実態

プロコン・D型の受注チャネル

プロコン・D型は、診断士が大企業（Dai kigyo）・中堅企業から直接（Direct）受注するタイプです。まず、Directという受注チャネルから確認しましょう。

プロコン・D型の受注チャネルは、以下のとおりです。

①ホームページの閲覧者
②ビジネス書・雑誌記事の読者
③セミナー参加者
④過去のクライアント

このうちどれが多いかは、コンサルタントによってまちまちです。ただ、よほど著名なコンサルタントでない限り、見込みクライアントが①ホームページを見ただけで問い合わせをしてくることは、まずありません。私もそうですが、②ビジネス書の読者や③セミナー参加者が①ホームページから問い合わせしてくるというケースが大半です。

また、④過去のクライアントというのは、過去にコンサルティングを実施したクライアントから「研修もお願いします」と依頼が来る（逆に、研修を実施したクライアントからコンサルティングの依頼が来る）ケースです。また、過去のクライアントが「日沖さんに研修をお願いしたら良かったですよ」とコンサルタントを他社に紹介してくれるというケースもあります。

なお、Directといっても見込み客から直接、ホームページの問い合わせ、あるいはメール・電話が来るとは限りません。コンサルタントの元勤務先の関係者など第三者の紹介で連絡が来ることも多々あります。

プロジェクト型のコンサルティング

プロコン・D型の多彩な活動の中から、まずコンサルティングについて紹介します。

コンサルティングは、一般に以下のようなプロセスで進みます。

①ファースト・コンタクト ⇓ コンサルタントがクライアントと最初に接触します。

・引き合い

・予備調査

・クライアントとの面談

②プロポーザル ⇓　内容・進め方・費用などを提案書にまとめ、説明し、受注します。

・提案書の作成
・クライアントへの説明
・クロージング

③契約 ⇓　内容・進め方・費用など合意事項について契約を交わします。

④ソリューション ⇓　クライアントと協働で問題解決を進めます

・プロジェクト立ち上げ
・テーマの再定義
・調査・分析
・解決策の立案
・中間報告
・解決策の具体化
・最終報告

⑤導入・サポート ⇓　承認された問題解決策を実行し、成果を実現します

・解決策の具体化

・作りこみ
・インプリメンテーション（組織への導入）
・事後フォロー

コンサルティングというと、④ソリューションでクライアントと喧々諤々のディスカッションをする場面を想像しがちです。しかし、そこに至るまでに①～③のプロセスがあります。

そして、実際には、引き合いが来ても、クライアントのニーズとコンサルティングの専門性が合わなかったり、コンペに敗れたりして、③以降には進めないケースが半分以上です。

中小企業ですと、社長の鶴の一声で実施が決まりますが、大企業ではコンサルティングを実施するかどうか、そのコンサルタントを起用するかどうか、慎重に検討し、判断します。大事な案件の場合、複数のファーム、コンサルタントに声を掛けて、コンペを実施します。

なお、以上は標準的なプロセスで、コンサルティングファームの場合、カチッと決められた順序で実施します（というより、グダグダになりそうな案件は避けて、カチッと進められそうな案件を選別して受注します）。しかし、プロコン・D型の場合、このプロセスはコンサルタント・クライアント企業・案件によってまちまちです。

たとえば、「中間報告」は、割愛する場合もあれば、納得行くまで2回、3回と繰り返す場合があります。「最終報告」でお役御免ということもあれば、「インプリメンテーション」や「事後フォロー」で何年にも渡ってお付き合いすることもあります。

どの範囲のことをどこまでどういう順序でやるかは、②でコンサルタントとクライアントが話し合って決めます。

プロセス・コンサルテーションが主体

そして、コンサルティングファームと比較したプロコン・D型の特徴は、プロセス・コンサルテーションが主体であることです。

コンサルティングには色々なスタイルがありますが、コンテンツを提供するものとプロセスを支援するものに分類することができます。

コンテンツというのは、コンサルタントが大規模な市場調査をしたり、ＩＴシステム構築をしたり、人事評価制度を作ったりという具合に実態のあるコンテンツを成果物としてクライアントに提供するコンサルティングです。コンサルタント主導のコンサルティングと言い換えることができます。こうしたコンサルティングでは、ヒト・モノ・カネ・情報などのリソースが大量に必要で、大手ファームが得意とするところです。

一方、プロセスというのは、クライアントが新規事業を開発したり、中期経営計画を策定した

【図表6-1　コンテンツ型とプロセス型】

	コンテンツ型	**プロセス型**
コンサルタントの役割	システムなど成果物の創出	プロジェクトの支援
活動の主体	コンサルタント	クライアントのPJメンバー
コンサルタントの特徴	大手ファーム、ITベンダー	小規模ファーム、個人プロコン
フィー	高い（数億円規模）	さほど高くない
活動の柔軟性	なし	あり
クライアントの学習	なし	あり
クライアントとの関係	プロジェクト期間だけ	継続的に関係する場合も

り、というプロセスをコンサルタントが側面支援するというコンサルティングです。クライアント主導のコンサルティングです。このプロセス・コンサルテーションでは、ファシリテーションなどコンサルタントの個人的なスキルや柔軟な対応が要求され、プロコン・D型が得意とするところです。

２０００年代初めのＩＴバブルの頃には、ＩＴシステム構築の案件が花盛りで、コンサルティングといえば、もっぱらコンテンツ型でした。フィーが数億円する大型案件が目白押しで、大手ファームではフィーが1億円未満のクライアントを「ゴミクラ」（ゴミのようなどうでも良いクライアント）と呼びました。

しかし、やがてＩＴバブルが終わり、クライアントの大企業も知恵が付いて、お祭り騒ぎして大手ファームに何億円も払うのは割に合わないと気付き始めました。それに伴い、案件によってはプロセス・コンサルテーションを取り入れる大企業が増えています。

したがって、プロコン・Ｄ型が大企業で活動する余地は、以前と比べて広がっているといえるでしょう。プロセス・コンサルテーションの実態や進め方について深く知りたい方は、ロバート・シェファー著『ハイインパクト・コンサルティング』（同友館）を参照してください。

研修は重要な業務

プロコン・Ｄ型のもう１つの重要な業務が研修です。研修ビジネスは色々で、以下のようなパターンがあります。

Ａ：診断士が営業して受注し、パートナーの講師に研修を実施してもらう。いわゆるエージェント
Ｂ：他者（他社）が受注した研修案件の実施の部分を請け負う
Ｃ：診断士が営業・実施まですべて実施する

ここでは、Ｃパターンについて紹介します。この場合の研修プロセスは、以下のとおりです。

①ファースト・コンタクト ⇓ コンサルタントがクライアントと最初に接触します。

・引き合い
・クライアント（教育担当者）との面談
・ニーズ確認・調査

②プロポーザル ⇓ 内容・進め方・費用などを提案書にまとめ、説明し受注します。

・提案書の作成
・クライアントへの説明
・クロージング

③契約 ⇓ 内容・進め方・費用など合意事項について契約を交わします。

④開発 ⇓ プログラム・教材・演習用具などを開発します。

⑤実施 ⇓ 研修を実施します。

・募集
・受講案内
・事前課題
・当日運営

⑥評価 ⇒ 事後対応をします。

・受講案内アンケートの分析、効果測定
・主催者への報告

研修というと、受講者を前に⑤実施する場面に目が行きますが、前後のプロセスがあるのです。この中で、研修を成功させるためには、①でクライアントのニーズをよく確認する必要があります。研修で受講者がよく不満に感じるのは、「期待していたものと違った」というものです。研修は会社の問題を解決するために、あるいは従業員のスキルを上げるために行いますから、まずは研修ニーズをしっかり把握します。教育担当者の話だけではニーズがよくわからないという場合、受講を予定している従業員にヒアリングをしたりします。

また、⑥評価で事後フォローをします。やりっぱなしでなく、しっかりフォローすることで、今後の別の研修やコンサルティングに繋げることができます。クライアントから求められなくても報告の機会を持つようにしましょう。

セミナーと研修は違う

ここで、セミナーと研修の違いを確認しておきましょう。

【図表6–2　セミナーと研修の違い】

	セミナー	研　修
講師のプロフィール	少し有名人・少し特殊な人・普通の人	普通の人
講師の専業・副業	専業もいるが、副業が中心。会社勤務者の副業も多い。	専業か、他の専門家の副業
講師の実施目的	本業として儲ける人と本業の営業手段として儲け度外視の人	本業として儲ける
講師料	0～100万円／時間	0.8～10万円／時間
受講者数	最大100名	最大30名
費用負担	受講者個人	会社
受講意欲	高い。「しっかり学んで、自分を変えよう」	バラツキ大きく、平均は低い。「面倒だなぁ」「しっかり学んで成長しよう」
時間	0.5～6時間	半日～3日（同じ受講者にシリーズで3～10回やる場合も）
内容	個人のニーズに関する一般論	会社のニーズに関する具体論
依頼者とのすり合わせ	ほぼなし	綿密に行う
事前課題・事後課題	なし	ある場合も
進め方	講義中心だが、ワークも	講義、演習、ワーク、ゲームなど多彩
オンライン対応	オンラインが増加	リアルが主流
テキスト・資料	なし、またはテキスト・データ・書籍など	テキスト、データ、書籍など
研修中の軌道修正	ほぼなし	頻繁にあり
講師による受講者評価	なし	たまにあり
受講者による講師評価	たまにある	たいていある
受講者との関係	コンサルティングなどサービス提供に繋がることも	その場限りが多いが、コンサルティングなどサービス提供に繋がることも
リピート受注	なし	かなりあり

プロコン・D型は、セミナーをよく開催します。プロコン・D型は、セミナー自体をビジネスとして開催するということもありますが、より多いのは、コンサルティングや研修に繋げるプロモーション手段として開催するケースです。後者は、無料ないし低価格のセミナーを販促イベントとして開催し、参加者にコンサルティングや研修を勧誘するわけです。

一方、研修は、それ自体をビジネスとして有料で実施します（生命保険会社が新入社員から保険契約を獲得するために新人研修を無料で提供するというケースがあるようですが）。もちろん、研修を実施してクライアントとの関係ができて、コンサルティングへと展開していくケースもあります。

セミナーも研修も、多人数を相手にビジネスのテーマについてしゃべるという点は同じですが、参加者や進め方など大きく異なります。違いは【図表6―2】のとおりです。

02 プロコン・D型のメリットと問題点

仕事が大きく広がる

プロコン・D型のメリットは、実力次第、やり方次第で大きく稼げることです。

超優秀なプロコン・C型が死ぬ気で頑張っても、なかなか年収１０００万円を超えることはできません。それに対してプロコン・D型は、２０００万円以上を稼ぐということがザラです。しかも、プロコン・C型が年収１０００万円を超えるのは、たまたま大型案件を受注したなど「大当たり」した場合ですが、多くのプロコン・D型は別に「大当たり」しなくても、継続的・安定的に高収入を獲得しています。

なぜ、プロコン・D型は収入が高い（場合が多い）のでしょうか。

まず、受注単価の違いです。プロコン・C型が担う公的支援は単価が異常に安いですし、一般の中小企業のコンサルティングでも、仕事の中身の前に「うちは経営が厳しいので、〇〇万円しか報酬を出せませんよ」と釘を刺されることがよくあります。

それに対しプロコン・D型の顧客である大手企業・中堅企業は、中小企業と比べて経営に余裕があるので、質の高いサービスには相応の報酬を払ってくれます。「とにかくこの値段でやってくれ」といわれることは、まずありません。

また、受注件数も違います。一部の売れっ子のプロコン・C型は、公的支援で地域をまたいで横展開していますが、大半は地域限定で、なかなか受注件数を増やせません。一般の中小企業でのコンサルティングや研修は、せっかく苦労して受注しても一回きりで、リピート受注することは稀です（顧問契約に発展することはあります）。

一方、大企業では、受注した仕事をリピートしたり、タテ・ヨコに展開することが普通に行われます。特に研修は、たとえば「新任管理職向け問題解決研修」を受注したら、毎年決まった時期にリピートのオーダーが来ます。また、ある部門で受注した「管理職向け問題解決研修」について、別の研修を提案したり、新任管理職から部長・係長・担当者とタテに展開したり、別の部門にヨコに展開したりすることができます。

プロコン・D型は受注単価が高く、受注件数も多いので、収入が大きくなるわけです。

もちろん、収入は人によってバラつきが非常に大きく、年収3000万円を超えるケースもあれば、300万円程度ということもあります。ただ、プロコン・D型はC型と違って現役世代が多く、生活のために稼がなくてはいけないので、数百万円の低収入で長くコンサルタントを続けるということは（あまり）ありません。

専門性の高い業務

プロコン・D型の仕事の満足感はどうでしょうか。

96頁で説明したとおり、大企業の業務は専門性が高いので、プロコン・D型は専門性の高い仕事ができます。これは、知識欲・成長意欲の高いコンサルタントにとっては、大きなメリットです。

活躍しているプロコン・D型は、押しなべて研究熱心です。どんどん高度化する大企業のニーズに応えるために、日夜勉強しています。学会に所属し、研究活動をしているのも、このタイプです（あとは企業内診断士・自己啓発型）。

また、多くのプロコン・D型は、研究して終わりでなく、その成果をビジネス書などにまとめて出版します。後ほど１３６頁で述べるとおり、プロコン・D型の顧客開拓でビジネス書が大きな役割を果たしているからですが、自分の活動がビジネス書という形になるのは、それ自体が大きな充実感をもたらしてくれます。

会社を変える貢献はできない

プロコン・D型は、専門性という点では職務の満足度が高いのですが、クライアントへの貢献という点では、なかなか満足感を得られません。

第５章で紹介したプロコン・C型の中小企業へのコンサルティングでは、コンサルタントと中小企業の経営者が二人三脚で経営改革に取り組みます。コンサルタントが良いアドバイスをし、それに経営者が納得すれば、即断即決で実行してくれます。そして、改革がうまく行けば、会社が大きく変わります。もちろん大失敗に終わることもあります。つまり、プロコン・C型の場合、コンサルタントの１つのアドバイスが会社を大きく左右するのです。そして、成功したら、感激した経営者から涙を流して感謝してもらえます。

それに対して大企業のコンサルティングでは、組織が大規模・複雑なので意思決定に時間がかかりますし、大企業の経営者・従業員はリスク回避を優先するので、なかなか思い切った改革をできません。また、大きな組織の一部分を改革するだけなので、大失敗に終わったというケースを含めて、コンサルティングによって会社全体が大きく変わるということは、まずありません。改革に成功しても失敗しても、決まった報酬をもらって、「ご苦労様」といわれるだけです。

よくコンサルタントはビジネス書を出版し、コンサルタントの画期的な改革プランで会社が蘇った、という成功体験を披露しています。しかし、プロの私が見る限り、その半分は嘘・誇張で、残り半分は、中堅・中小企業の事例です。大企業がコンサルタントのおかげで蘇ったという事例は、世界的な大手ファームを含めてそんなに多くはありません。

このように、会社への貢献という点で、プロコン・D型はあまり大きな満足感を得られないのです。

クライアントとの人間関係

そして、微妙なのが、クライアントとの人間関係です。

まず、大企業では、コンサルティングや研修で関係する担当者・プロジェクトメンバー・研修受講者のレベルが高いことが、メリットです。大企業には専門性が高く、多彩な経験を持った社員が多く、特にコンサルティング・プロジェクトには大企業の中でもエース級の人材が集まります。

彼らと一緒に仕事をすると、色々な学び・気づきがあります。私もコンサルティングや研修の場で大企業の社員から深い洞察、斬新な発想を聞いて、ハッとすることがたびたびあります。ハイレベルな人材と仕事をすることは、コンサルタントの知的好奇心・探求心を満たしてくれます。ただし、大企業では数年サイクルで人事ローテーションがあるので、担当者はすぐに異動してしまいます。せっかく素晴らしい相手と良い関係を構築できても、短期間で関係が途切れてしまうのです。

一方、人間関係に関するデメリットは、大企業には改革意欲が低い社員が多いことです。

中小企業のコンサルティングは、社長とともに二人三脚で取り組みます。中小企業の社長は会社のオーナーなので、自分の会社の改革に熱意がない、関心がないということは、ほぼありません。意欲溢れる人と一緒に仕事をするというのは、楽しいことです。

それに対し、大企業の担当者は組織の中間管理職で、会社の経営の問題を「我が事」として考えることができません。「誰かがやってくれるだろう」「どうせ会社は変わらない」ということで、なかなか本気で取り組んでもらえません。いくら能力的に優秀でも、意欲が低い人と一緒に仕事するというのは、苦痛です。

03 プロコン・D型の活動のポイント

プロコンにできること、できないこと

まず、個人のプロコンには、できることとできないことがあります。
できないことは以下の２つです。

① システム開発など大規模な作り込みを伴う案件
② 階層別研修など大人数に展開する案件

こうした案件に対応するには、一度に多数のマンパワーを動員する必要があります。①はコンサルティングファームやＩＴベンダー、②は大手教育団体の独壇場で、個人のプロコンが出る幕はありません。

しかし、次のような案件は、個人プロコンでも十分に対応可能です。

③ 従業員メンバーのプロジェクトにアドバイス（プロセス・コンサルテーション）
④ 選抜型研修・コーチングなど少人数に展開する教育・相談

よく仕事欲しさにどんな案件にも手を出すコンサルタントがいますが、不可能なことに取り組んでも仕方ありません。プロコン・D型は①②を避け、③④にフォーカスするべきです。

大企業は個人プロコンを起用したい

プロコン・D型の活動の最大のポイントは、顧客開拓です（プロコン・C型でも顧客開拓が重要課題ですが）。

私は企業内診断士やプロコン・C型をしている知り合いから「個人のプロコンが大企業と取引するって無理でしょ？」とよく聞かれます。しかし、そんなことはありません。適切なやり方を実践すれば、大企業を顧客開拓することは十分に可能です。

大企業では、コンサルティングファームや教育団体と取引しています。大企業の担当者は、コンサルティングファームや教育団体に強烈な不満を持っています。だいたい次の3点です。

不満その1「そのサービスでその値段は高すぎないか？」
不満その2「契約したこと、決まったことしかやってくれない…」
不満その3「同じサラリーマンのくせに偉そうに！」

特に**不満その3**は、あまり大っぴらには口にしませんが、大半の大企業の担当者が思っていることです。コンサルタントは会社の問題点を、研修講師は従業員の問題点を厳しく指摘します。もちろん、会社・従業員に良くなってもらいたいという気持ちからなのですが、指摘を受ける側は「同じサラリーマンのお前からいわれたくない」と感情的に捉えてしまいます。

そのため、問題意識の高い担当者ほど、コンサルティングファームや教育団体に不満を持ち、「できれば個人プロコンを利用したい」と考えているのです。

個人のプロコンを起用するにはハードルもある

ただ一方で、大企業では、個人のプロコンを起用しにくい事情があります。

まず、大企業は減点主義の人事制度を採っていることが多いので、担当者がある仕事で成功してもさほど評価されず、逆に失敗したら評価が下がってしまいます。そのため担当者は、「わざわざ個人のプロコンを起用して大失敗したくない」と保守的に考えがちです。

また、コンサルタントや研修講師を起用するとき、担当者は独断では決められず、上司や関係部署に説明し、承認を得る必要があります。実績のあるコンサルティングファームや教育団体なら、「いつものように○○社で」という一言で済みますが、個人のコンサルタントを起用するとなると、その必要性を多くの関係者に説いて回らなければなりません。

そのため、大企業の担当者の多くは、「手間をかけ、リスクを取って個人プロコンを起用するよりも、まあ今回も付き合いのある大手の○○社にお願いしよう…」となりやすいのです。

逆に、担当者の不安を解消できれば、個人プロコンにもチャンスがあるといえます。

大企業のネットワークに入る

では、プロコン・D型は、どのように大企業の担当者にアプローチすれば良いのでしょうか。

新たにコンサルタント・研修講師を起用しようというとき、大企業の担当者は、まず自身のネットワークから探します。たとえば、「そういえば、知り合いの日沖さんが問題解決の研修とかやってたな。声を掛けてみようかな」という具合です。

そこでプロコン・D型は、担当者のネットワークの中に入る必要があります。もちろん前勤務先・出身校の人脈や地縁・血縁を活用するのですが、それでは広がりに限りがありますし、非効率です。大企業の担当者が参加している研究会・経済団体・業界団体などに参加し、ネットワークの形成に努めます。

私の場合、２００２年に独立開業した後、一般社団法人企業研究会でセミナーを開催する機会を何回かいただき、大企業の担当者のネットワークを形成することができました。企業研究会は、１９４８年に旧鉄鋼５社の経営幹部が開いた自主的な勉強会から始まった研究団体です。現在、約40の異業種研究交流会を運営しており、のべ１４００社の社員が学び合っています。

全国にこうした団体があるので、メンバーとして会合やイベントに参加したりして、ネットワークを形成します。

ただ、こうした団体に参加して顔を売るだけでは、なかなか引き合いには繋がりません。濃密なネットワークを作り、担当者に困りごとがあったときに、自分のことを思い出してもらう必要があります。「経営人材育成プログラムを導入したいんだけど、たしか日沖さんが詳しそうだから、ちょっと相談してみようかな」という具合です。

そのためには、１メンバーとして参加するだけではいけません。そういう団体はよく会員向けのセミナーを開催しているので、セミナー講師を担当すると良いでしょう。

セミナー講師を担当するためには、事務局に自分の専門性について知ってもらう必要があります。特に有効なのが、論文や雑誌記事を執筆したら紹介すること、書籍を出したら献本（無償で提供）することです。

サーチの範囲に入る

大企業の担当者は、自分のネットワークの範囲で適当なコンサルタントが見つからないという場合、ネットワーク外でコンサルタントを自力でサーチ（探索）します。プロコン・D型としては、担当者のサーチの範囲に入り、サーチに引っかかることが、引き合いの必須条件になります。担当者は、以下のようなチャネルでコンサルタントをサーチします。

①　書籍・論文
②　業界団体・学術団体
③　ホームページ

どれを主に使うかはケースバイケースですが、最も多いのは①書籍・論文で検索し、③ホームページで確認するというパターンでしょう。たとえば、新規事業について、「『成功する新規事業戦略』という著書を書いている日沖というコンサルタントがいるな。新規事業のプロジェクトについてアドバイスをもらえないか、ちょっと相談してみよう」という具合です。

ビジネス書の効果は大きい

プロコン・D型が大企業を顧客開拓する上で、ビジネス書の効果は絶大です。「できれば著作があった方が良い」ではなく、「成功するための必須アイテム」といって良いでしょう。

大企業の担当者は、コンサルタントなど外部の専門家を探すとき、ビジネス書を検索します。第三者から紹介を受けたという場合でも、そのコンサルタントがビジネス書を出しているかどうか、必ずチェックします。

そして、上長や関連部署にコンサルタントの起用について説明するとき、ビジネス書を紹介します。「私の知り合いに日沖という男がいまして…」ではなく、「日沖という『成功する新規事業戦略』という著書がある新規事業開発の専門家に依頼したいと思います」と説明するわけです。

つまり、大企業のビジネスでは、「著書があったら有利」ではなく、「著書がないと土俵に上がれない」ということなのです。

私は、企業内診断士だった1998年に『ハイインパクト・コンサルティング』という翻訳書でデビューし、今日まで30冊の単著を出版しています。そして、著作に関連したテーマでコンサルティングや研修を多数受注しています。

ちなみに、処女作の印税率は定価の0～6%なので（実績を上げると10%になります）、定価2000円で初版2000部として、印税は0～24万円です。1時間で1ページ書くとして20

0ページなら200時間。時給に換算すると0～1200円です。

このように、ビジネス書の執筆そのものはビジネスとしては相当に割が悪いわけですが、プロコン・D型の本業には、絶大な効果があるのです。

ビジネス書を出版するには？

ビジネス書を出版するには、どうすれば良いのでしょうか。

本を出すというと大ごとだと思うかもしれませんが、以前と比べて出版のハードルは格段に下がっています。出版社は、出版点数を確保する必要があり、新しい書き手を探しています。良い企画を適切なアプローチで提案すれば、出版は決して難しくありません。

文芸書は原稿を書き上げてから出版社に売り込むのに対し、ビジネス書はまず企画書を出版社に売り込み、採用されたら原稿を書きます。いかに良い企画書を作るかがポイントです。

書店で流通する商業出版では、売れるかどうかが採否の分かれ目です。出版社が「売れそうだ」と判断するのは、流行のテーマを扱っているか、特殊な体験を扱っている場合です。流行のテーマは多くの書き手が注目するので、その中でもニッチな領域に絞り込む必要があります。たとえば、「働き方改革」という一般的なテーマなら、「地方の中小企業でもいますぐできる！　実践・働き方改革」くらいに絞り込みます。

確実に売れるという点では、研修やセミナーで出版した本を使用する予定（いわゆる著者使用）があると、企画が通る確率が断然高まります。

もう1つポイントになるのが出版社の選択とアプローチです。出版社には得手・不得手があり、一般的には優れた企画でも「うちの出版社が扱うテーマではない」という理由で断られることがよくあります。自分が出したいテーマで実績のある出版社を選ぶ必要があります。

出版のほぼすべての作業を取り仕切るのが編集者です。出版社宛てに企画を持ち込むよりも、編集者個人宛てにアプローチする方が良いでしょう。自分が出版したいテーマの出版物をチェックし、気になる編集者を調べておきます。企画を提出する際、いきなり郵便で送り付けても、多忙な編集者にはなかなか読んでもらえません。その出版社から出版した実績のある著者を探して、著者を通して送る方が良いでしょう。

電子書籍は？　自費出版は？

ここで、出版に関する細かい留意点を3つお伝えします。

まず、電子書籍は、出版してもあまり効果はありません。近年、電子書籍が浸透しているので、数年後は状況が変わっているかもしれませんが、少なくとも現在、コンサルタントの起用を決める大企業の幹部は、ビジネス書を紙ベースの書籍で読んでいるからです。紙ベースの書籍を出版しましょう。

次に、共著を出版しても、顧客開拓の効果を期待できません。診断士が研究会で活動していると、共著を出そうという話がよくあります。仲間と本を書くこと自体は否定しませんが、著者名が「流通問題研究会」といったグループではなく個人名でないと、大企業の担当者に検索してもらえないからです。単著を目指しましょう。

最後に、自費出版も止めておいた方が良いでしょう。自費出版は50冊で10万円を切る価格から出版できますが、書店やAmazonで流通しないと、検索してもらえません。ある程度の部数を流通させる場合、費用は１００万円を超えます。しかも、大企業の担当者には勉強熱心な人が多いので、本を少し見れば、自費出版なのか、編集者の目を通った商業出版なのか、見分けることができます。商業出版を目指しましょう。

つまり、難易度が上がるものの、プロコン・D型は、紙ベースのビジネス書を単著で商業出版することを目指すべきなのです。

会社を設立する必要はない

ところで、プロコン・D型として活動するなら、個人事業主ではなく、会社を設立するべきでしょうか。よく「大企業は法人としか取引しない。大企業と取引したいなら、法人、しかも株式会社を作るのが必須だ」とアドバイスするプロコンがいます。

たしかに、一昔前まではそのとおりでした。しかし、このアドバイスはかなり時代遅れで、近年この事情が大きく変わっています。

以前は、株式会社を作るには資本金を１０００万円以上用意する必要があったので、株式会社は財力など信用の証でした。ところが、２００６年の会社法改正で最低資本金制度が撤廃され、資本金１円で株式会社を設立できるようになりました。大企業の担当者は、この辺りの事情を知っているので、コンサルタントから「〇〇株式会社・代表取締役社長」という名刺を差し出されても、たいてい無反応です。

また、上場企業では社外取締役の設置が義務化されたことなどから、大企業の担当者が社外の専門家と個人として付き合う機会が増えています。頑なに法人しか相手にしないという大企業は、現在ではかなり例外的になっています。

コンサルタントが顧客開拓できるかどうかは、あくまで本人の専門性にかかっています。研鑽して専門性を高め、それを著作や論文にまとめて発表する、という努力を継続することで、顧客の輪が広がっていきます。金を出せば作れる（今は金を出さなくても作れる）株式会社を設立するだけで顧客開拓できるほど、甘い世界ではありません。

ホームページは必須

会社を設立する必要はありませんが、ホームページを作るのは必須です。大企業の担当者は、ホームページでコンサルタントを検索し、ホームページでコンサルタントのサービス内容や実績を確認し、ホームページの情報を使って関係者にコンサルタントのことを説明するからです。

ＳＮＳ全盛の時代なので「Facebook や Twitter のアカウントで十分。わざわざホームページを作る必要はない」と断言する専門家がいます。たしかに一般個人を相手にセミナーをするような場合は、ＳＮＳで構いません（というよりＳＮＳの方が有効です）。コネで顧客開拓するプロコン・C型も必要ありません。しかし、将来はわかりませんが現時点では、大企業を顧客開拓したいなら、ＳＮＳではなくホームページです。

ホームページを作るとき、自分でデザインすることもできますが、プロのデザイナーに頼んでしっかりしたものを作ってもらうと良いでしょう。

せっかくホームページを作ってもほったらかしにするコンサルタントが多いようですが、最低月1回は更新したいところです。ちなみに、私は独立開業した直後からホームページを開設し、現在まで19年間、毎週欠かさず、「経営の視点」と題する１３００字程度のコラムを執筆し、更新しています。毎週更新するのは結構な手間がかかりますが、雑誌（週刊新潮・東洋経済など）・新聞（日経新聞、産経新聞など）・テレビといったメディアから問い合わせや執筆・出演の依頼が入ってきます。

ちなみに、私が所属する東京都中小企業診断士協会・城西支部では、プロコンが２００名近くいるのに、ホームページを作成し、城西支部ホームページにリンクを貼っているのは、たった20名です。プロコン・D型が少なく、C型が多いことが窺えます。

コンサルティング実施での留意点

ここまで、プロコン・D型にとって最大の関門である受注について、詳しく見てきました。次に、受注した後の実施段階での留意点を簡単に確認しましょう。

まずコンサルティングです。やり方は千差万別ですが、以下の点に留意すると良いでしょう。

① 問題意識を共有する

大企業は、経営企画部門などがしっかりと問題点を分析し、ある程度解決に向けて取り組んだ上で、コンサルタントに案件を依頼します。したがって、中小企業のように（１０４頁参照）、まったく組織の実態に合わないテーマをコンサルタントに依頼することはほぼありません。

ただし、問題はコンサルティングを協力して進めるクライアントのプロジェクト・メンバーです。中間管理職のメンバーが、経営陣が考えたテーマを理解していない、あまり納得していないということはよくあります。

そこで、経営陣から依頼されたテーマについていきなり解決策を検討するのではなく、経営分析をして、テーマの妥当性を確認します。コンサルタントではなく、プロジェクト・メンバーがこの作業を自分の手で実施すると、納得感が増すでしょう。

② プロジェクト・メンバーと信頼関係を構築する

プロジェクト・メンバーとの信頼関係の構築も大きな課題です。会社の将来を左右するプロジェクトのメンバーに選ばれたことでモチベーションが上がっているメンバーもいますが、本来業務が多忙だったり、成果実現のプレッシャーがあったりして、モチベーションが低下しているメンバーもいます。「コンサルタントに今までのやり方を否定され、ぐちゃぐちゃにされるのではないか」とコンサルタントに敵意を持っていることもあります。

コンサルタントは、プロジェクト・メンバーの悩みを聞く、プロジェクト・メンバーの職場の事情に配慮するなどして、信頼関係の構築に努めます。

③ 成果を意識する

コンサルティングで成果を実現するのは当然のことだと思うかもしれませんが、意外とそうでもありません。クライアントは、コンサルタントから高度な分析・新たな視点を提供されると、実際には経営状態に変化がなくても、分析・視点を成果だと勘違いしてしまうことがあります。経営のリテラシーが低い経営者だけでなく、一流とされる著名経営者でもよくあります。

分析・視点を提供するだけでクライアントが満足し、大きな報酬を稼げるというのは、コンサルタントにとって「楽勝」状態です。ただ、そういう仕事を続けていると、やがて「あのコンサルタントは分析だけで、成果を出せない」という評判が立ち、長い目で見て尻すぼみになってしまいます。

コンサルティングで現状分析をするのは当然ですが、コンサルタントは、分析それ自体には価値がないことを肝に銘じ、成果の実現にこだわる必要があります。

研修の現場での留意点

① 研修の狙い・対象者・プログラムなどをすり合わせる

受講者が研修を受講して不満を抱く最大の理由は、「期待していたものと違った」です。どんなに優れた内容の研修を提供しても、受講者のニーズと合致していないと満足してもらえません。

「期待していたものと違った」という事態を避けるためには、コンサルタント（研修講師）は事前に教育担当者と研修の狙い・対象者・プログラムなどをすり合わせします。案件を受注する段階で相手の研修ニーズがかなりわかっているという場合でも、すり合わせをします。なお、教育担当者の説明だけでは研修のニーズが不明確という場合、従業員へのヒアリングなどニーズ調査をすると良いでしょう。

② 実践的な内容にする

社会人の学習には、「基本」→「応用」→「実践」という3段階があります。知識を増やすだけでなく、業務の役に立ってナンボです。研修では「基本」だけでなく「応用」、できれば「実践」まで学習したいところです。

「基本」は本を読めばある程度理解できるので、事前に課題図書を受講者に配布して学習してもらうなど工夫します。そして、研修では、ケース演習で「応用」を学ぶ、自社・自業務に当てはめて「実践」する、といった内容にします。

そうはいっても、朝から晩まで毎日学ぶ学校教育と違って、限られた時間の企業研修であれもこれもと学ぶことはできません。特に「実践」については、学んだことを職場でどう実践するのか、受講者にヒント・コツを与えるようにします。

教育学者ウィリアム・ウォードの「The great teacher inspires.（偉大な教師は、学ぶ者の心に火を点ける）」という名言のとおり、受講者が「よし、もっと学習しよう」と思えるようなきっかけ作りをできるのが、優れた研修講師です。

③　インタラクティブに運営する

講師が一方的にしゃべりまくるレクチャーでは、受講者は飽きてしまいます。できるだけインタラクティブな運営にしましょう。次のような工夫をします。

- 受講者に問いかけて、理解を確認する
- ディスカッションの場面を増やす
- 受講者から質問や意見を募る

なお、インタラクティブに運営することによって、受講者から職場の問題点を探るようにします。それを教育担当者にフィードバックすると、次回の研修の改善に役立ちますし、別の研修やコンサルティングに発展することがあります。受講者から直接依頼を受けることもあります。

コンサルティングだけでなく、研修講師業務をしているプロコン・D型ケースが多いですが、コンサルティングと研修講師業務では、仕事の進め方や必要なスキルなどかなり違います。また、診断士を取得する際、コンサルティングのやり方は少し勉強しますが、研修講師業務の進め方はほとんど学びません。研修講師業務について深く知りたいという方は、拙著『プロの研修講師になる方法』（同友館）を参照してください。

専門性とは何か？

この章の最後に、「専門性」について考えてみましょう。プロコン・D型はもちろん、プロコン・C型でも最終的には専門性が成功のカギになります。という話をすると、たいていの企業内診断士は「私は会社で10年間営業をしただけで、大した専門性はありません。やっぱり独立開業するのは無理ですかね」といった悲観的な反応をします。しかし、これは専門性について大いに誤解しています。

プロコンが成功するパターンは色々です。キヤノンの知的財産部門のエースとして長年活躍し、満を持して独立開業した小西雄一郎さんのように、「その道一筋の専門家」もたしかにいます。しかし、圧倒的に多いのは、独立開業当初は大して専門性がなく、色々な業務を経験する過程で専門性を身に付けていったというパターンです。

近年コンサルティングの重要なテーマになっているのが、事業承継です。内藤博さんは事業承継士という資格を立ち上げるなど、この分野で「プロ中のプロ」といわれ、押しも押されぬ第一人者です。しかし、前職はバイクのモーターマガジン社の取締役だった内藤さんは、独立開業当初は事業承継に関する専門性はありませんでした。

今は確固たる専門性がないという企業内診断士でも、心配は要りません。大切なのは、色々な経験をして、強みを探し出すことです。

私の場合、会社勤務時代に会計・財務・経営企画を担当していたので、この分野が私の強みだと思っていました。しかし、実際に独立して仕事を始めると、会計士など私よりも専門性の高い人が沢山いて、私の知識は強みでも何でもないと知りました。

逆に、ある企業で自分が書いたオリジナルのケースを使って研修を実施したところ、教育担当者から「日沖さんはケースを書けるんですか！」と驚かれました。私は「研修講師なら自分の研修で使うケースを書くのは当然でしょ」と思っていましたが、実際にはハーバードビジネススクールや慶応ビジネススクールの所蔵ケースを使って研修をする講師が多いようです。その後、ケースを書けるという強みを生かして、ケースを作成する業務や研修を沢山請け負うことができました。

自分の強みは意外とわからないものです。強みを知るには、食わず嫌いにならず色々な経験をする、経験したことを振り返る、クライアントからフィードバックを受ける、ということを実践すると良いでしょう。

専門性にこだわって失敗することも

逆に、すでに専門分野が決まっていて、独立開業後も焦点を絞って一貫した活動をしているのに、まったく成功していないというプロコンもいます。

永井保さん（仮名）は、長く勤めた大手自動車メーカーを辞めて独立開業しました。海外工場の立ち上げを経験し、生産技術という専門分野がしっかり確立されていました。独立開業した永井さんは、専門性や会社員時代のコネクションを使って、ロケットスタートを切ることができました。ところが、会社を辞めると早々にコネが薄れて、専門知識も現場を離れて陳腐化していきました。2年目になると、永井さんの仕事は先細りになり、3年でコンサルタントを諦めて、会社員に戻りました。

結局、そのコネクションや専門性を少しでも広げるという努力をしないと、長い目で見て成功できないのです。永井さんの場合、生産技術を担当していたなら、5Sの従業員教育を手掛けるとか、製品開発の方に広げていくとか、専門領域を広げる努力をするべきでした。

企業勤務時代に実績を上げ、専門家としてこだわる人ほど、専門領域を拡張することに消極的になったりします。実績を上げたらクライアントに次のクライアントを紹介してもらう、実績をまとめてビジネス書を出版するなど、事業ドメインを広げる何らかのアクションが必要です。

第7章

診断士の真の魅力とは

本書の終わりに、中小企業診断士制度やコンサルティング市場がどのように変わりつつあるのか、診断士という資格にはどのような価値があるのか、という点について考えてみましょう。

01 大きく変わる診断士制度

いま、中小企業診断士制度が大きく変わろうとしています。

２０２０年12月１日、菅政権下で発足した成長戦略会議の第５会合が開催され、その中で診断士制度のあり方が議論されました。成長戦略の実行計画案には、「中堅・中小企業の経営を担うことのできる人材の裾野を広げていくため、中小企業診断士制度の在り方やその活用促進について、検討を深め、年度末までに結論を得る。」と記載されています。

これに先立って第14回・経済財政諮問会議（２０２０年10月６日開催）で新浪剛史議員が、診断士制度について次のように言及しました。

> 経営人材の育成も非常に重要。たとえば、中小企業診断士について、非常に意味のある資格だと思うが、…１次試験では7科目全てに合格しないと試験に通過できないなど、大変難易度が高いものとなっている。中堅・中小企業の経営を担うことのできる人材の裾野を広げていくためにも、たとえば、中小企業診断士の科目にデジタルを入れるとともに、全ての科目を合格しなくとも、税理士のように１つ１つの科目で合格しても何らかの位置付けを付与することを考

えてみてはどうか。

成長戦略会議の実行計画案も経済財政諮問会議の新浪議員の提言も、ともに「経営人材の育成」のために「診断士の裾野を広げる」ことを目指しています。「診断士の裾野を広げる」とは「診断士の数を増やす」ということです。

現在、診断士の登録者数は約2万7千人で、税理士7万9千人、弁護士4万人と比べてかなり少数です。しかも数少ない診断士の7割が企業に勤務する企業内診断士で、うち相当数が資格取得が最終ゴール型（第2章）だと思われます。今後、試験の難易度を下げて診断士の数を増やすとともに、診断士が実質的に活動することを促す制度改革が進められることでしょう。

※その後、1次試験の合格者も履歴書などにその旨を記載できるようになりましたが、2022年現在、まだ大きな変更は行われていません。

診断士が増えるメリット・デメリット

今後、どのように制度が変わるのか不明ですが、1つ確実なのは診断士が増加することです。

診断士の増加のメリットは、診断士不足が解消され、公的支援への対応が強化されることです。特に長期化する新型コロナウイルス感染症対応において公的支援が進展するのは朗報です。

また金融庁は、金融機関が取引先の経営状態を把握して取引をするリレーションシップ・バンキングを推進しており、地域金融機関に診断士の資格保有者を増やすよう指導しています。診断士の増加で、地域の金融機能が強化されるでしょう。

さらに、成長戦略会議の実行計画案や経済財政諮問会議の新浪議員の提言のとおりに診断士がビジネスリーダー養成のツールとして定着すれば、リーダー不足が解消に向かいます。ＭＢＡが主に大都市圏に立地しているのに対し、診断士は自己学習で取得できるので、地方でのリーダー養成に寄与しそうです。

一方、デメリットもあります。まず、当然予想されるのは、診断士の質の低下です。ちょっと勉強したら受かる楽勝資格なら、診断士の専門家としての能力が疑われます。補助金の申請書類のチェックといった単純な業務なら問題ありませんが、民間企業へのコンサルティングやリレーションシップ・バンキングなど高度な業務を担うのは不安です。

また、２０２０年３月、５人の専門家が補助金２５９２万円を詐取した事件が明るみに出るなど、診断士など専門家による補助金がらみの不祥事が多発しています。診断士が増えると、モラル低下がいよいよ心配になります。

さらに、私が個人的に懸念しているのが、地方での「食えない診断士」の増加です。業界では近年、事業承継を中心とした「補助金バブル」、２０２０年は「コロナバブル」といわれるほど、地方で活動する診断士は公的支援の業務で潤っています。そして、公的支援の業務を当てにして独立開業する地方の診断士が増えています。

しかし、長い目で見てどうでしょうか。日本の中小企業政策を痛烈に批判するデービッド・アトキンソン氏が、政府の成長戦略会議の委員に就任し、成長戦略会議の議論を主導しています。菅義偉首相はアトキンソン氏を信奉していることから、まず新型コロナウィルス感染症対策の公的支援が一段落し、その先、中小企業の延命を目的とした支援は大幅に縮小するでしょう。

公的支援に詳しい東川仁さんは、「ものづくり補助金や小規模事業者持続化補助金は、早ければ２０２２年４月から、遅くとも２０２３年３月までになくなる」と予想しています。

診断士を増やし、公的支援を当てにして診断士がここぞとばかりに独立開業し、数年も経たないうちにはしごを外される……。私の懸念が杞憂に終われば良いのですが。

02 これからの診断士

●振り回されてきた診断士

これから、診断士はどうなるのでしょうか。

診断士は、１９６３年に中小企業指導法に基づき制度ができてから２０００年まで、「国や都道府県が行う中小企業指導事業に協力する者」と位置付けられてきました。企業を定年退職した診断士がボランティア的に公的支援機関のお手伝いをするという姿が想定されました。

２０００年に法律が中小企業支援法に改正され、診断士は「中小企業の経営診断の業務に従事する者」、つまり民間のコンサルタントに変更されました。２０００年当時、行政改革で公的支援は縮小傾向にあり、「診断士は公的支援では飯を食えない、民間企業のコンサルティングを拡充しよう」といわれました。また「診断士を日本版ＭＢＡにしよう」ともいわれました。

ところが、その後２００４年に金融庁が「地域密着型金融の機能強化の推進に関するアクションプログラム」を策定し、リレーションシップ・バンキングの担い手として診断士が注目を集めるようになりました。

また、第2次安倍政権で中小企業への公的支援が大幅に拡充され、２０１３年頃から、再び公的支援のサポート役としての診断士の役割が強調されるようになっています。

そして、今回21年ぶりの制度改革で国は、診断士を「日本版ＭＢＡ」と位置付け、経営人材の育成に診断士制度を役立てようとしています。

このように、国の中小企業政策が変わり、診断士は役割を変えてきました。中小企業政策に振り回されてきたといえます。

今後も色々な改革があり、診断士には様々な役割が期待されることでしょう。

いびつな日本のコンサルティング市場

これから、コンサルティングビジネスはどう変わっていくのでしょうか。診断士が事業展開する上で、日本のコンサルティング市場を知っておく必要があります。私の経験から、アメリカと比べた日本のコンサルティング市場の特徴・問題点を紹介しましょう。

私は日本石油（現・ＥＮＥＯＳ）に勤務していた１９９７〜１９９８年、社費派遣留学で米ボストンのArthur D. Little School of Management（ＡＤＬＳＯＭ）で学びました。ＡＤＬＳＯＭはArthur D. Little Inc.（ＡＤＬ）が経営するビジネススクールで、ＡＤＬは１８８６年創業の世界最古のコンサルティングファームです。

ＡＤＬＳＯＭで学び、コンサルティングの故郷ボストンに住み、私はコンサルティングについて２つの衝撃を受けました。

１つは、大企業だけでなく、中堅・中小・零細企業、さらに個人も有料で気軽にコンサルティングを利用していたことです。当時はＩＴバブルが膨らみ始めた頃で、学生や主婦がＩＴコンサルタントに「ネットショップを始めたいので、アドバイスして」と気軽に有料で相談していました。

もう1つは、ハーバード大・ＭＩＴを卒業したエリートが、独立してコンサルタントをしていたことです。彼らは「大企業のマネジャー」「ＢＣＧなど大手ファームのコンサルタント」「大学教員」「起業家」「独立コンサルタント」の5つを自由・頻繁に行き来していました（ＡＤＬＳＯＭの教授陣がそうでした）。エリートだけではありません。街のカルチャースクールにコンサルタント養成講座があり、普通のビジネスパーソンや主婦もコンサルタントになって活躍していました。

翻って、日本は、どうでしょうか。当時も今も、アメリカと真逆の状況です。

コンサルタントの需要については、大企業はコンサルティングファームに億単位のフィーを払う一方、中小企業・零細企業・個人はコンサルタントにびた一文払いません。コンサルティングは「余裕のある大企業が箔付けのために利用する贅沢なサービス」という位置付けで、日本企業のコンサルタントの利用金額はアメリカ企業に比べて一桁小さい状態です。

コンサルタントの供給については、大企業に入社すると、グループ会社に転籍するくらいで、限られた範囲でビジネスライフを送ります。大手ファームに転職することはあっても、アメリカのように独立コンサルタントになることは稀で、優秀な人材が大企業に死蔵（デッドストック化）しています。本書の分類では、資格取得が最終ゴール型がまさにこの状態です。

中小企業政策がコンサルティング市場の発展を阻害

日本のコンサルティング市場がこうしたいびつな状態になってしまった1つの原因が、国の中小企業政策です。国が公的支援で中小企業にタダでコンサルティングを提供しているので、中小企業経営者は「コンサルティングは国から金をせしめてタダで利用するもの、金を払ってまでやるものではない」という認識です。

また、公的支援で公的支援機関がコンサルタントに払う報酬は、1日2万円など格安で、コンサルティング業界での価格破壊を先導しています。この低報酬では現役世代がまともに生活するのは困難で、給与水準の高い大企業に勤める診断士は、プロコンとして独立開業することを躊躇します。結果的に公的支援では、〝年金診断士〟が多くを占めています。

この状況を変えるために、今回の診断士制度の改革にあたり、私は2020年12月に以下の2つの提言をまとめて、中小企業庁に提出しました。

提言1・企業内診断士の転職支援制度の導入
提言2・企業内診断士の公的支援での活用

この2つの提言は、直接的には企業内診断士の活用を意図していますが、その先には、有料のコンサルティングが中小企業・零細企業・個人に気軽に利用され、現役世代の優秀な人材が気軽にコンサルタントになって活動するという世の中になることを願ってのものです。

03 診断士で人生が変わった

今回の制度改革がどういう結果になっても、コンサルティング市場がどのように変化しても、「企業経営の専門家として専門知識を有することを証明する」という診断士の本質は変わらないでしょう。診断士としては、制度改革や市場の変化に右往左往するのではなく、自らその存在意義を確立する必要があります。

では、診断士の本質、診断士という資格の価値とは何でしょうか。色々な考え方がありますが、私は「診断士は、人生を変えるきっかけ」だと考えます。

まず、この考え方を体現している、重松久恵さんの事例を紹介しましょう。

重松久恵さんは、ファッション雑誌の編集者、デザインプロデュース会社でデザインマネジメントの経験を積みました。そして、夫のファッションデザイナーの会社を手伝うようになり、海外で会社を作ったり、マネジメントの仕事をしました。本人いわく「その頃は派手な生活をしていました！」とのことです。

重松さんの人生にターニングポイントが訪れたのは、52歳の時でした。離婚して、仕事の失敗、家庭生活の失敗を経験し、「自分の幸せって何だろうな」と考えるようになりました。そして「自分の幸せは、自分ができることで人の役に立つことだ」と気づきました。

そして、今までの経験や培った専門性を活かして「人の役に立つ」ために、診断士になることを決意しました。２００９年に試験勉強をスタートしましたが、なかなか苦戦し、６年かかりました。最初は予備校に通い、最終的には東洋大学大学院で診断士の資格とＭＢＡが取れるという養成コースで資格を取得しました。

資格を取得し、色々な人と巡り会って、重松さんの仕事は大きく広がりました。現在、重松さんは、大きく４つのチャネルでポートフォリオを組みながら仕事をしています。

① 実務家として、１社と契約をして商品開発を担当
② コンサルタントとして、民間企業数社と契約をして商品開発をアドバイス
③ 診断士として、中小企業基盤整備機構など４つの公的支援機関でアドバイザーの仕事
④ 母校の東洋大学大学院で講師として、後輩の指導・育成を担当

このうち、③と④は診断士を取得したことで広がった仕事です。

重松さんは52歳からの人生を振り返って、「診断士を取得したことで、私の人生は大きく変わりました。リタイアをする方が多いこの年齢になってもお仕事を沢山いただいているのは、幸せなことです」と診断士の価値を実感しています。

私が独立開業するまで

私も、重松さんほど劇的・画期的ではありませんが、診断士を取得したことで、人生が変わりました。遅くなりましたが、本書の最後に、自己紹介します。

私は１９８８年に日本石油に入社し、最初に配属された大阪支店で特約店の与信管理を担当しました。そして、担当していた特約店がバブルの過剰投資で経営危機に陥ったことから、経営再建に奔走しました。その過程で、「企業経営って面白いなぁ」と初めて興味が湧きました（恥ずかしながら商学部を卒業したのですが…）。

経営に興味が湧くと、「もっと深いところを学びたい！」と思うようになり、診断士に挑戦し、１９９５年に診断士に登録しました。つまり、最初は企業内診断士・自己啓発型でした。

登録後すぐ中小企業診断協会に入会し、その年、東京協会の機関誌に「今まで診断士は中小企業の経営を立て直すことを使命としてきたが、経営が立ち行かない中小企業には転業・廃業を指導することも、重要な役割ではないか」という小論を投稿しました。当時、私は29歳でした。すると、父親よりも年上の先輩診断士の方々から「若造が何をいってやがる」「経営者に会社を畳めというのか？」と大バッシングを受けました。

ところがしばらく後、中小企業診断協会の中谷道達副会長（当時）から「日沖先生の提言はとても大切なことだ。プロジェクトを組んで取り組みましょう」と誘われました。そして、1996年に中小企業診断協会の「転廃業指導マニュアル作成プロジェクト」に参画しました。企業内診断士・副業型に変わったわけです。

それと同時に、中小企業診断協会という大きな組織のナンバー2が新人に声を掛けて「一緒に仕事しよう」という、会社では考えられないフラットな人間関係に驚き、魅了され、コンサルタントを職業として意識するようになりました。

その後、ボストンに留学、シンガポールに駐在しました。海外では、ビジネスパーソンが専門性を磨いて勤務先や働き方を変えてステップアップしていることに刺激を受けました。

プロコン・C型からD型に転換する

そして2002年、36歳のとき、意を決して退職し、日沖コンサルティング事務所を開業しました。目標は「中小企業における理論と実践の融合」。中小企業は勘と経験に頼った経営をしており、理論と実践が融合した経営を進めたいというニーズがあるのではないか、と考えました。

独立開業して最初にした仕事は、東中野の商店街診断でした。先輩診断士が受注した案件のお手伝いに声を掛けていただきました。独立開業の当初はプロコン・C型でした。

独立開業直後に仕事をいただいて、「ラッキー！」と喜び勇んで商店街診断に参加しました。ところが、私が担当したのは炎天下の商店街で通行客にアンケートを取ることでした。たしか時給６００円くらいで7時間×2日。そこで私はお役御免で、分析・提言作成・プレゼンといった業務は担当させてもらえませんでした。

ベテラン診断士からすると、せっかく受注した貴重な大型案件です。面倒くさい業務は新人に手伝ってもらうとしても、おいしい部分は「絶対に若造に渡してなるものか」と考えたに違いありません。この体験から私は、下請け仕事や受注機関を通して受ける仕事を減らし、直接顧客とつながる活動を増やそうと心に決めました。

また、独立開業してお会いした中小企業経営者の大半は、経営の理論のことを話しても、「そんな小難しい話はどうでもいいから」という反応でした。中小企業には「理論と実践の融合」というニーズはほとんどないと気づきました。ここで私は2年目から、大企業から直接受注するように大きく路線変更しました。プロコン・D型になり、今日まで続いています。

このように、私は企業内診断士・自己啓発型→企業内診断士・副業型→プロコン・C型→

プロコン・D型、と変化しました。そして、それぞれのステージで色々な人と出会い、色々な経験をさせてもらいました。診断士を取得したこと、診断士という資格を使って活動したことで、人生が大きく変わってきたのです。

04 診断士は人生を変えるパスポート

会社員をしていると、毎日決まったメンバーと決まった仕事をします。異動や担当替えがあり、違ったメンバーと違った仕事をすることがありますが、何年かに1度という頻度ですし、同じ会社の中のことなので、まったく知らない人とまったく新しい仕事をするということは、ほぼありません。安定しているものの、刺激と成長に乏しいビジネスライフです。

それに対し、診断士になり活動すると、色々な業界で新しい経験をし、新しい知識・情報を得ます。その過程で、色々なタイプの新しい人と出会い、新しい考え方に触れます。大きな変化に対応するのはまさに〝大変〟ですが、刺激と成長のあるビジネスライフです。

人の人生なので、どちらが良いか悪いか、正しいか間違っているか、という問題ではありません。ただ、刺激と成長のあるビジネスライフを送りたい、能力を伸ばし、能力をフルに発揮して世の中に貢献したい、と考えている人にとって、診断士は経験・知識・人脈を広げ、ライフステージを変えるパスポートになります。

本書では、診断士のリアルをお伝えしました。類書にはない診断士のネガティブな側面も紹介したので、該当し気を悪くされた方がいらしたら、申し訳ありません。

本書を読んだ読者の皆さんが、診断士として活動し、人生を変え、社会の発展に貢献し、素晴らしいビジネスライフを送られることを期待しています。

〈著 者 紹 介〉

日沖　健（ひおき　たけし）

日沖コンサルティング事務所・代表
中小企業診断士、産業能率大学・講師、中小企業大学校・講師
慶応義塾大学・商学部卒、Arthur. D. Little School of Management修了 MBA with Distinction
日本石油（現 ENEOS）勤務を経て、2002年から現職
中期経営計画・新規事業開発のコンサルティングや経営人材育成の研修を行う
https://www.hioki-takeshi.com/

【主要著書】（中小企業診断士関係）
『コンサルタントを使って会社を変身させる法』（同友館）、『コンサルタントが役に立たない本当の理由』（中央経済社）、『独立する！中小企業診断士 開業のコツ60』（中央経済社）、『プロの研修講師になる方法』（同友館）

著者との契約により検印省略

2021年４月15日　初版第１刷発行
2022年３月15日　初版第２刷発行

タイプ別　中小企業診断士のリアル
活動実態／メリット・デメリット／活動のポイント

著　　者　日　沖　　健
発 行 者　大　坪　克　行
印 刷 所　美研プリンティング株式会社
製 本 所　牧製本印刷株式会社

発 行 所　東京都新宿区下落合2丁目5番13号　株式会社　税 務 経 理 協 会

郵便番号 161-0033　振替 00190-2-187408　電話（03）3953-3301（編 集 部）
FAX（03）3565-3391　（03）3953-3325（営 業 部）
URL　http://www.zeikei.co.jp/
乱丁・落丁の場合はお取替えいたします。

ISBN978-4-419-06787-8　C3034

5 TYPES of CLASSIFICATION
資格取得が最終ゴール型
実はこのタイプが一番多い？
企業内診断士・自己啓発型
金銭的にマイナスになることも？
企業内診断士・副業型
働き方改革で急増中！
プロコン・C型
公的支援は受注が最大の課題！
プロコン・D型
大企業相手で年収2000万円もザラって本当？